# 유쾌한 모녀여행

**한선예** 지음

**프롤로그**

(모녀여행 꿀팁)

　칠순이 되는 엄마와 마흔 넘은 딸이 이십여년 전부터 여행을 꾸준히 다녔다. 전국 방방곡곡을 누비며 모녀의 재미난 에피소드와 사진들이 생겨났다. 우리 모녀처럼 여행 다니고 싶은 이들에게 들려주고, 보여주고 싶어 글을 썼다.

　본론에 들어가기 전에 모녀여행을 처음 가는 이들을 위해 꿀팁을 간단히 소개한다.

　첫째, 모녀여행은 우정여행이 아니다. 친구들과 가는 여행은 하나부터 열까지 동등한 입장에서 같이 계획하고 준비한다. 모녀여행은 다르다. 효도여행은 아니지만 어디까지나 부모를 모시고 가는 여행이라는 점을 명심해야 한다.

둘째, 모녀여행에서 보호자는 쌍방이다. 즐겁고 행복한 여행이 되기 위해서는 서로의 컨디션을 수시로 체크해야 한다. 여행에서 먹고 자는 것, 기분이 가장 중요하기에.

셋째, 모녀여행에서 엄마가 꼭 지켜야 할 규칙이 있다. 어디를 가든 절대로 가격을 묻지 않는다. 뭐든지 좋다고 한다. 딸이 시키면 무엇이든 한다. 이 세 가지를 지킨다면 모녀여행은 계속 이어질 것이다.

넷째, 모녀여행을 특별하게 즐기고 싶다면 모녀 커플 의상(옷, 신발, 가방까지)을 준비한다. 무엇보다 서로를 잘 찾을 수 있어 좋고, 사진찍기에도 좋고, 낯선 여행지에서 따뜻한 관심도 받을 수 있다.

다섯째, 모녀여행을 기록으로 남기고 싶다면 달력을 추천한다. 여행 사진 달력을 보며 매달 설레고 나아가 일 년이 행복해진다. 모녀여행을 꾸준히 할 수 있는 비결이기도 하다.

 끝으로 많이 부족한 글에 한땀 한땀 수를 놓듯 정성껏 가르쳐주신 배지영 작가님, 나보다 더 생생한 기억으로 스토리텔링해 준 신정은 여사님께 깊은 감사를 드립니다. 찐한 동기애로 서로를 보듬어준 당진시립중앙도서관 1인 1책 쓰기 3기분들이 있어서 외롭지 않았습니다. 감사합니다.

### 차례

프롤로그_모녀여행 꿀팁      3

## 1장 유쾌한 모녀여행 시작
**목욕탕에서 발견한 '이것' 덕분에 떠나요**      11
유쾌한 모녀여행에 깃든 사연

## 2장 사진으로 남기다
**장군님 같은 전업주부의 반전매력**      21
모녀여행 첫 맛집 인증샷 도전

**길거리 캐스팅 비결? 미모 아닌 '이것'**      29
광양 섬진강 매화마을 여행

**여행 채널에 소개된 사진, 이렇게 찍었어요**      37
점점 과감해지는 모녀의 인생샷

## 3장 꿈과 희망을 품다

**멋진 차림으로 '미인도'를 봤을 뿐인데**     49
미술관에서 찾은 어릴 적 꿈

**45kg 우리 엄마는 아이돌 몸무게**     59
죽을 고비 넘기며 떠나는 희망여행

**다낭! 행복했다낭, 또 가고싶다낭**     71
아픔을 딛고 떠난 베트남여행

**수리부엉이! 밥벌이와 모녀여행 사이에 깃든 행운**     82
보육실습지도 강원도 여행


## 4장 가수 덕질하다

**엄마 눈에는 '영탁'뿐! 친아들은 안 보여**     93
당진모녀, '영탁' 입덕기

**'영탁' 가라사대 "먹고, 웃고, 챌린지하라"**     100
당진모녀, 난생처음 경험하는 것들

**이보다 더 좋을 수 없다. '영탁' 덕분에**     109
당진모녀, 2박 3일 전라도 여행

**모든 순간에 '영탁', 자동차가 견인될 때도**     122
당진모녀, 2박 3일 경상도 여행

**사랑요? 이제는 대놓고 표현합니다**     135
당진모녀, 3박 4일 제주도 여행

## 5장 가족과 함께 즐기다

**못합니다, 기분 좋을 때 그냥 서 있기**     **151**
파자마시스터즈와 1박 2일 즐기기

**모녀여행 업그레이드는 뭐다?**     **160**
베트남여행! 아빠도 함께 갑니다


**에필로그**_모녀여행을 고민하는 이들에게     **169**

# 1장
# 유쾌한 모녀여행 시작

목욕탕에서 발견한 '이것' 덕분에 떠나요

## 목욕탕에서 발견한 '이것' 덕분에 떠나요

유쾌한 모녀여행에 깃든 사연

우리 모녀여행은 기차로 시작했다. 별다른 이유가 없었다. 전철로 출퇴근했던 나는 기차여행사 홍보물이 계속 눈에 밟혔다. 물론 엄마와 여행 가고 싶은 마음이 너무 간절했기에 더욱 보였을지도 모른다.

왜 모녀여행을 하는 걸까. 지금부터 그 이야기를 하려고 한다. 시간을 거슬러 올라가 1997년이었다. IMF

외환위기[1]는 아버지가 하였던 무역업도 무너뜨렸다. 우리 가족에게 닥친 큰 위기였다. 이층 단독주택에서 행복하게 살다가 갑자기 모든 것을 잃었다. 집, 차, 피아노, 아끼던 물건들.

잃지 않은 것은 우리 가족의 긍정에너지였다.
"원래 우리한테 없었던 거야. 괜찮아."
"또 일어나면 되지."
부모님 말씀이 맞다. 이층 단독주택에 살게 된 것 자체가 선물이었다. 그 전에는 반지하에서 비가 오면 물을 퍼내며 살았으니까. 나는 그 힘든 시기를 잘 버티어 대학까지 무사히 졸업하였다.

졸업하자마자 취업을 하고 마침내 사회인이 되었다. 이제 우리 집 생활비는 내가 책임질 수 있다는 것

---

[1] 1997년 11월 22일, 대한민국 경제는 국제통화기금(IMF)의 관리하에 운영됐다. 1997년부터 대한민국에 발생했던 외환 유동성 위기. 한국에서는 단순히 IMF(사태), IMF 외환위기 등으로 지칭하는 경우가 많지만 세계적으로는 1997년 아시아 금융위기로 불린다.

에 K-장녀[2]답게 마냥 자랑스러웠다. 매달 급여로 집 월세도 내고 식재료도 사고 필요한 물품, 군대 간 남동생 간식도 하나 둘씩 살 수 있었다. 뿌듯함으로 행복한 나날을 보냈다.

그 행복은 오래가지 않았다. 기다리고 있다가 터진 것처럼. 목욕탕에서 발견되었다. 나는 평소대로 등을 밀어주고 샤워하다가 엄마 가슴이 이상함을 느꼈다. 엄마는 유방암이었다.
'아! 진짜 끝이 없구나. 롤러코스터 같은 삶!'

어느 날이었다. 퇴근하고 집으로 오니 엄마가 누워계셨다. 깜짝 놀란 나는 엄마를 흔들어 깨웠다.

"죽기 아니면 까무러치기로 인삼 다섯 봉지를 먹었어."

---

[2] 코리아(Korea)의 앞글자 'K'와 맏딸을 뜻하는 '장녀'의 합성어.

엄마의 고향은 금산. 우리 이모는 고향에서 평생 인삼농사를 지었다. 여동생이 아프다고 하자 이모는 해줄 수 있는 게 이것밖에 없다며 인삼(수삼)을 두 자루 보냈다. 엄마는 인삼을 달여서 한 번에 다섯 봉지를 벌컥 마셨단다. 얼마나 세던지 엄마는 바로 쓰러졌다가 다행히도 깨어났다.

 어떤 날은 친할머니가 민들레를 캐서 보냈다. 민들레가 항암효과 있다는 말에 며느리를 살리고 싶어 당진 곳곳을 다니며 캐서 한 자루 보내신 거다. 민들레와 청국장환을 만들어 엄마는 정성으로 매일매일 먹었다.

 내가 할 수 있는 것은 출퇴근과 기도뿐이었다. 퇴근하고 식사를 마치면 내 방에 들어가 조용히 불경을 외며 염주를 돌렸다. 딸의 간절한 기도는 눈물과 콧물이 섞일 때까지 이어지기도 했다.

'지성이면 감천'이라는 말이 있었던가! 항암치료를 하기 전, 재검진을 하는 날이었다.

"환자분 같은 경우는 제가 두 번 보았습니다. 폐경기 전후로 여성들이 암으로 진단받았다가 깨끗하게 없어졌습니다. 환자분도 그런 것 같습니다. 다행입니다."

'얼마나 감사하고 기적적인 일인가?' 믿어지지 않는 일이었다. 엄마의 암이 흔적만 남기고 몇 달 만에 깨끗이 없어졌다니. 엄마에게 다시 살아보라고 주신 기회라고 생각했다. 지금껏 우리 가족에게 롤러코스터 같은 삶이 연속이었다. 그만큼 지금이 귀한 시간으로 느껴졌다. 반복되는 일상으로만 보내기가 너무나 아까웠다. 그리고 무서웠다. 엄마와 함께하는 시간이 없어질까 봐 두려웠다.

"있을 때 잘해. 후회하지 말고."

 노래 가사가 문득 떠올랐다. 나는 결심했다. 엄마에게 새 삶이 왔으니 이제부터라도 엄마와 마음껏 즐기며 여행하고 싶다고. 이 결심이 여행을 갈 때마다 내 마음을 다독이는 다짐이 되었다. '엄마랑 즐겁게 여행하자. 싸우지 말고 참자. 만일 싸우더라도 빨리 웃으며 화해하자. 엄마랑 건강하게 여행 갈 수 있는 날이 그리 많지 않다.' 나름 거창하게 혼자 다짐하고 여행을 가니 엄마는 나에게 자주 말한다.

"너는 밖에 나오면 잘하더라. 이상하게. 내가 애기가 되잖아."

 우리 모녀를 만나는 사람들은 묻는다.
"이런 모녀 처음 봐요. 아니, 어떻게 엄마랑 여행을 재밌게 다녀요?"

우리 엄마는 쑥스러운 마음에 딸이 시집을 못가서 그런 거라며 웃는다. '뭐, 틀린 말은 아니지'하며 나도 같이 웃는다.

사연 없는 인생이 있을까! 이 글은 우리 모녀여행, 사연 있는 여행기다.

## 2장
## 사진으로 남기다

장군님 같은 전업주부의 반전매력
길거리 캐스팅 비결? 미모 아닌 '이것'
여행 채널에 소개된 사진, 이렇게 찍었어요

## 장군님 같은 전업주부의 반전매력

모녀여행 첫 맛집 인증샷 도전

 나는 '처음'이라는 말만 들어도 언제나 설렌다. 뭔가 새로운 것을 피하기보다는 즐기면서 도전한다. 물론 약간의 긴장을 하지만 말이다. 일상을 벗어나 낯선 곳을 여행한다는 것 자체가 좋다.

 여행 가기 전부터 실실 웃고 다니는 나에게 동료 교사가 물었다.

"선예쌤, 무슨 좋은 일 있어?"

무박 2일, 짧은 여행인데도 좋았다. 한 달 동안 우리 모녀는 소풍 가는 어린아이 모습이었다.
"햇볕도 가려야지. 모자랑 선글라스도 챙기고."
"더울 거니까 짧은 반바지가 좋겠다."
"간단하게 메고 다닐 작은 가방도 챙기고."
"카메라도 챙겼고."

드디어 여행가는 당일. 역에서 티켓과 일정표, 여행사 배지를 받았다. 기차가 출발하고 우리 모녀 마음도 덜컹거렸다. 너무 설레서 그런지 뭐 먹을 생각도 하지 못했다. 깜깜한 창문 밖을 보다가 잠이 들었다. 밤 기차는 여행객의 긴장된 마음을 다독여 주었다.

우리 모녀의 첫 여행지 '보성', 첫 여행지로 정한 이유는 딱히 없었다. 기차여행사 추천 상품이었다. 해수욕장, 싱그러운 녹차밭과 시원하다 못해 춥다는 죽녹원. 여름을 즐기기에 안성맞춤이라고 생각했다.

 율포해수욕장은 우리 모녀가 늘 보았던 서해 그대로였다. 아버지 고향이자 친가인 당진에서[3]보던 바다. 내가 어릴 적부터 성인까지 거주한 그곳은 인천이었다. 그래도 나는 바다니까 시원해서 좋았다. 엄마 얼굴에 실망감이 잔뜩이었다. 어릴 적부터 눈치 빠른 나는 바로 알아챘으나 모른 척했다. 첫 여행이니까. 엄마랑 실랑이하고 싶지 않았다.

"엄마, 우리 여기서 사진 찍자."
"싫다. 너나 찍어라."
 싫다는 엄마에게 카메라를 억지로 건넸다. 바다 앞으로 가서 자세를 취하고 있는 순간,

---

[3] 지금은 가족 모두 당진에 살고 있으나 여행 당시에는 인천에 거주하고 있었다. 내가 10살부터 20대 후반까지 인천에 거주하였다가 당진으로 내려왔다.

"찍었다."

언제 찍었는지도 모르게 찍었단다. 순간 웃음이 빵 터졌다.
'진짜 우리 엄마 대단하다. 어쩜 이리도 감정에 충실할까!'
내가 맡은 다섯 살 잎새반 아이처럼 귀여웠다. 일상에서 못 보던 엄마의 모습이 보여 즐거웠다.

"넌 또 뭐가 좋냐?"
그럴 때마다 엄마의 반응은 단호했다.

마침 점심시간이 되어 식사 장소로 발을 옮겼다. 두근두근했다.
'제발 맛있기를.'
마음속으로 기도했다. 여행지에서 먹는 음식은 여행 성공 여부를 가늠한다.

"전라도 한정식집이니까. 맛있겠지."

"먹어봐야 알지."

먹는 것만큼은 가장 민감한 우리 엄마였다. 첫 여행, 첫 식사니까 얼마나 중요한가. 함께 여행 다니기 전에는 몰랐다. 엄마가 아무리 배고파도 맛없는 음식은 절대 안 먹는다는 것을.

결과는 두구두구두구 합격! 진정한 맛집이었다. 정말 감사했다. 우리 모녀는 정신없이 맛깔스런 나물 반찬과 제육볶음을 먹었다. 식사를 마치고 나오며 맛집을 기억하고 싶었다.

"엄마, 우리 여기 식당 앞에서 사진 찍고 가자."

"얘는 대나깨나 찍는대."

"맛있게 먹었으니까 찍어야지."

내가 막무가내로 고집부리자 엄마는 어이가 없어 헛웃음을 지었다. 그리고 딱 한 장 찍어줬다. 어김없이 언제 찍었는지도 모르게 찍었단다.

버스를 타고 나서야 찍은 사진을 제대로 확인했다.
"아니, 이렇게 찍으면 어떡해? 어느 식당인 줄도 모르잖아"
우리 모녀 첫 맛집인데. 속상해하는 나에게 엄마는 다시 갔다 오라며 놀렸다. '그나마 전화번호라도 있어 다행이다' 여기며 사진을 인화했다. 물론 내 모습이 잘린 것도 아니니까.

'시간이 흘러 지금 엄마는 어떤가?' 사진 찍기 전 '하나 둘 셋' 정도는 가볍게 해준다. 셀카봉을 들고 이리저리 뛰어다니는 내 비위를 다 맞춰준다. 동작, 표정까지도. 가끔 내가 눈치없게 더 요구하다가 우리 모녀 다정샷은 거기서 끝난다.

무엇이 우리 엄마를 변하게 했을까? 내가 어릴 적

엄마는 신나게 사진을 찍었다. 깨끗이 씻기고 찰칵! 재워놓고 찰칵! 첫 걸음마 찰칵! 삐져서 울 때도 찰칵! 그 즐거움이 다시 살아난 건가. 다음 여행지부터 사진에 진심인 엄마가 톡! 톡! 나올 것이다. 기대하여도 좋다.

 우리 모녀의 첫 여행은 '귀여운 엄마 발견하기'였다. 엄마는 여행지에서 새로운 모습을 보였다. 집에서는 장군처럼 큰 목소리로 호령하고 주도적으로 살아온 엄마였다. 낯선 곳을 가거나 낯선 사람들을 만나면 달라졌다. 지금 생각해보니 그럴만하다. 전업주부로 살면서 오로지 집에서만 지냈다. 어쩌다 한번 외식하거나 가족여행을 갈 때만 빼고 말이다.

 여행은 엄마에게 즐겁지만 큰 도전이었을 거다. 긴장감에 더 민감하고 예민하게 반응했는지 모른다. 그나마 딸과 함께하기에 즐겁게 손잡고 세상 밖을 나온 것이다. 아! 그때는 몰랐다. 엄마의 예민함을 이해하기 힘들었다. 그때 알았더라면 좀 더 부드럽게 대했을 텐데 하는 아쉬움이 밀려온다.

 우리 모녀 첫 맛집 인증샷은 아쉽게 끝났지만 궁금했다. '지금도 운영하고 있을까?' 찾아가고 싶었다. 전화번호로 검색해보니 식당 이름이 '토담'이다. 지금은 다른 장소로 옮겨서 운영하는 것으로 나온다. '보성' 여행을 간다면 엄마와 함께 다시 방문하고 싶다. 더 귀여워진 엄마를 모시고.

## 길거리 캐스팅 비결? 미모 아닌 '이것'

광양 섬진강 매화마을 여행

섬진강 매화마을로 엄마와 꽃나들이를 계획하였다. 평소 이용하던 기차여행사를 통해 무박 2일 주말여행으로 신청하고 기다렸다.

여행 날짜가 다가오자 작년부터 입고 다닌 모녀커플 옷을 꺼내어 준비하고, 마트에 가서 유부초밥 도시락 장을 보았다. 늘 그렇듯 여행을 앞두고 준비하는 시간만큼 행복한 시간은 없다.

 두근두근 설레는 마음과 약간의 긴장감을 안고 우리 모녀는 앞서거니 뒤서거니 서둘러 토요일 새벽 기차역으로 향했다.

 기차역 앞에는 10여 명이 들뜬 표정으로 의자에 모여 앉아 담소를 나누고 있었다. 우리는 여행직원에게 티켓과 일정표를 받고 너도나도 할 것 없이 기대에 찬 눈빛으로 기차에 올라탔다.

 기차 좌석에 앉아 출발을 알리는 덜컹거림에 심장은 두근두근 리듬을 타기 시작했다. 기차의 움직임이 안정되자 엄마는 기다렸다는 듯이 가방에서 도시락을 꺼냈다. 나란히 식탁을 펴고 유부초밥과 시원한 물을 올려놓고 조심스레 냠냠쩝쩝 먹는 그 시간이 지금도 떠올리면 미소가 번진다.

"엄마, 꽃이 얼마나 피어 있을까?"

"꽃샘추위라서 아직 많이 안 피었을 수도 있어."

"뭐, 그래도 엄마랑 예쁜 사진 많이 찍고 오면 되지."

아직 도착하려면 한 참 남았는데 이미 모녀 마음은 섬진강에 가 있다.

기차 창밖으로 보이는 가로수, 집, 마을, 골목길, 새파란 하늘과 산이 하나 둘 보이기 시작했다. 든든하게 식사를 하고 나니 그제야 풍경이 눈 앞에 펼쳐지는 듯하다. 졸음이 오면 잠깐 눈을 붙였다가 다음 정거장에 멈추면 자동으로 눈이 떠졌다.

어느새 우리의 목적지에 가까워졌다. 서둘러 가방을 챙기고 바르게 앉아 정신을 차렸다. 도착역에서 여행사 협력 기사님이 반갑게 맞아주시고 우리는 버스에 몸을 실었다. 맑은 하늘과 푸르른 섬진강이 내려다보이자 마음이 들뜨기 시작했다.

"엄마, 다 왔나 봐."

기사님이 간단한 안내와 함께 주차장에 내려주셨다. 우리 모녀는 주변을 둘러보느라 바빴다. 그리고 바로 들려오는 엄마의 실망한 목소리가 귀에 꽂혔다.

"뭐야? 꽃이 피지도 않았네. 매화나무도 몇 그루밖에 없고."
"아니. 여기가 축제장 입구니까 나무가 별로 없는 거겠지."
"그래도 이게 뭐냐? 매화축제라더니만 장사꾼들만 잔뜩 와서 시끄럽기만 하고."
"엄마, 그래도 올라가 봐야지."
"올라가 봤자 별거 없겠지."

옥신각신 말싸움하면서도 모녀의 발걸음은 매화마을 입구를 지나 성큼성큼 올라가고 있었다. 갑자기 우리 모녀의 뒤로 다른 인기척이 느껴졌다. 남다른 민감성과 관찰력이 뛰어난 엄마가 뒤돌아서서 누군가에게 말을 건넸다.

"아저씨, 근데 왜 쫓아와요?"
"엄마, 왜?"
"아니, 이 아저씨가 우리를 쫓아오고 있었어."

뒤쫓아오던 아저씨께서 놀란 우리를 진정시키며 말씀하셨다.

"저, 이상한 사람 아니고요. 엄마랑 따님 맞으시죠? 모녀 같으신데 좋아 보여서요."
"아니, 무슨 좋아 보여요? 여태 싸우면서 올라가고 있는데요."
"싸우는 모습에서 서로 끈끈한 게 보여서요. 제가 사진 좀 찍어드리고 싶은데 어떠신가요?"

엄마와 나는 순간 잘 못 들은 줄 알고 어리벙벙해져서 아저씨를 다시 살펴보았다. 세상에나, 아저씨의 어깨에는 전문가용 사진기가 있었다.

"그럼 찍어드려도 될까요?"

 우리는 언제 싸웠는지도 모르게 한 마음, 한 목소리로 외쳤다.

"네, 얼마든지요."

 사진작가님은 활짝 웃으며 그럴 줄 알았다며 멋들어지게 핀 매화나무가 있는 곳으로 안내했다. 우리 모녀는 세상 다정하고 행복한 모녀의 모습으로 포즈를 취했다. 그러다가 서로의 얼굴을 보고는 이내 웃음이 빵 터졌다.

'누가 알랴? 5분 전에 얼굴 붉히며 싸우던 이 모녀의 모습을.'

어찌 됐든 사진작가님 덕분에 다시 평온해진 우리 모녀는 깔깔거리면서 매화마을을 만끽하고 돌아왔다.

3일이 지나자 사진작가님으로부터 사진파일이 담긴 메일이 왔다. 어찌나 감사한지 말로 표현할 수 없었다.

"감사합니다. 사진작가님. 성함도 못 여쭤보고 인사만 드렸네요. 덕분에 좋은 여행 보내고 왔습니다. 지금도 잊지 못합니다."

유쾌한 모녀여행

## 여행채널에 소개된 사진, 이렇게 찍었어요

점점 과감해지는 모녀의 인생샷

여행을 다닐수록 자꾸만 욕심이 생겼다. 우리 모녀도 몰랐던 관심병이 나타난 것일 수 있다. 단연코 처음부터 그런 것은 아니었다. 우리 모녀가 커플템을 장착하고 나서기만 하면 어디서든 시선집중이었다. 동네마트부터 영탁 콘서트장, 식당, 여행지, 절까지. 어느새 우리 모녀는 사람들의 눈길을 어색해하기는커녕 즐기기 시작했다.

때가 왔다. 그토록 바랐던 아름다운 여행지에서 모녀 인생샷! 가까운 태안으로 정했다. SNS에서 인생샷으로 유명한 '팜카밀레'허브농원. 약 1만 2천 평 드넓은 대지에 파란 수국을 중심으로 수많은 허브와 야생화들이 피어나는 곳이다. 10개가 넘는 허브가든마다 포토존이 특색있게 마련되어 있다.

우선 가수 영탁 팬덤색깔 '진한 파랑(코발트 블루)', 엄마가 좋아하는 '수국'이라 우리 모녀에게 딱!이었다. 편하게 입은 엄마와 달리 나는 한껏 멋을 냈다. 이십대에도 못 신어본 빨간 구두에 샤랄라 원피스, 나이에 맞지 않는 머리띠까지. 수국을 향해 평소처럼 달려가던 나는 그만.

"그럴 줄 알았다. 네가 무슨 신데렐라냐?"

진흙에 빠진 구두 한쪽을 빼고 있는 나에게 엄마는

놀려댔다. 진정하고 인생샷 포토존 여러 곳에서 찍기 시작했다. 모녀가 함께 찍기도 하고 서로 찍어주기도 했다.

"엄마, 나 완전 마음에 들어. 합격!"

지금까지 여행다니면서 엄마가 찍어주었던 것 중에 가장 최고의 사진이 나왔다. 구도도 좋고, 분위기도 좋고, 다 좋았다. 바로 프로필 사진 바꿔주고 신나게 재잘대었다. SNS에 올리자마자 여행 인플루언서로부터 메시지가 왔다.

> 안녕하세요! 요즘핫플레이스 관리자입니다! "7월에 꼭 가봐야 할 핫플 컨텐츠를 제작 중인데 사진을 예쁘게 잘 찍어주셔서 출처 남기고 저희 채널에 소개해드리고 싶은데 괜찮으실까요?"

'어머나! 세상에. 설마 스팸은 아니겠지?' 반신반의하며 오케이했다.

원래 목표였던 모녀 인생샷을 진짜 성공하고 싶었다. 다시 태안을 찾았다. 목적지는 파도리해수욕장. 친하게 지내는 여고동창이 강력히 추천했다. 서해안인데 물도 맑고, 해변은 돌로 덮여있어 인상적이었다고. 결정적으로 특별한 '해식동굴'이 숨겨져 있다고. '파도리 해식동굴' 바로 검색했더니 인생샷을 뛰어넘는 작품들이 쏟아져 나왔다. 장소 선정 완료!

  무엇보다 인생샷에 진심이었기에 커플 옷으로 맞춰 입고 갔다. 코발트 블루 끈나시에, 자켓, 머리띠, 운동화 그리고 흰색바지.

  드디어 도착! 처음엔 그럭저럭 괜찮았다. 점점 지쳐갔다. 뜨거운 여름 뙤약볕이 내리쬐는 날인 줄도 모르고 긴 자켓에 긴바지였다. 포토존에 도착하자마자 외쳤다.

  "안 되겠어. 벗자!"

누가 먼저라고 할 것 없이 우리 모녀는 과감하게 벗어 던졌다. 길게 늘어선 포토존 줄 앞에서. 끈나시를 입은 우리 모녀는 늦게서야 뜨거운 시선을 느꼈다.

"아이고. 우리가 미쳤다. 미쳤어. 하하하"

언제 그랬냐는 듯 얼른 포토존 줄을 섰다. 셀카봉으로 우리 모녀 샷을 찍기에는 역부족이었다. 바로 뒤 커플에게 부탁했더니 흔쾌히 찍어주기로 했다. 드디어 우리 모녀 차례.

"두 분이 나란히 서 보세요."
"이렇게요?"
"네, 좋아요. 이번엔 다른 포즈도 해보세요."

한 장만 부탁드린 거였는데 여러 포즈와 구도를 알려주며 찍어주었다. 기다리고 있는 다른 분들께도 죄

송했다. 우리 모녀가 너무 미안해하자 찍어주던 커플이 말했다.

"어머님과 따님이 넘 좋아보여서요. 저도 모르게 그만 욕심을 냈네요."

감사인사와 함께 포토존을 나왔다. 뒤돌아보니 포토존 줄에는 젊은 커플들로 가득했고 모녀는 우리뿐이었다. 뜨거운 날 시원한 감동으로 더위를 식혔다. 커플이 찍어준 사진은 진짜 우리 모녀 인생샷 작품이 나왔다. 찍어준 이의 진심은 사진에서 바로 나타나는 것을 알았다.

두 번의 인생샷 성공에 이어 세 번째 인생샷을 준비했다. 우리 모녀가 제일 좋아하는 꽃 '해바라기'. 검색창에 해바라기를 치면 전국에 수많은 곳이 나왔다. '태안 해바라기'라고 검색하자 나온 곳이 바로 '올래 정원'이었다.

  숲속에 위치하여 정원 어디서든 찍어도 인생샷. 6월부터 10월까지 해바라기뿐만 아니라 양귀비, 수레국화, 코스모스가 피어난다. 다양한 체험도 할 수 있어 친구, 연인에서부터 가족들도 많이 방문한다. 밀짚모자에 해바라기를 그려 넣는 체험도 있어서 미술전공을 한 사장님의 특별함이 느껴지는 곳이다. '밀짚모자'를 쓴 모녀 인생샷이 머릿속에 그려졌다.

  해바라기 올래 정원 도착. 옷 갈아입기 미션까지 추가. 모녀 드레스코드와 모녀 영블스[4]코드. 먼저 모녀 드레스코드. 해바라기 사이로 원피스를 입고 아름다운 모녀가 되어 찍기로 했다. 정원 사장님께서 건네준 밀짚모자를 쓰고 우아하고 다정하게 찰칵! 성공!

---

[4] 영탁앤블루스로 영탁의 공식팬덤명이다. 가수 영탁이 2024년 5월 12일 팬들에게 선물로 공식팬덤명을 지어줬다.

뜨거움을 느끼기 시작할 무렵이라 서둘러 옷 갈아입기 미션 성공. 땀이 한 바가지 쏟아졌다. 해를 향한 해바라기처럼, 가수 영탁을 향한 해바라기가 되어 보기로 했다. 수많은 해바라기를 배경으로 우리 모녀 해바라기가 되어 찰칵!

"엄마, 엄마 눈 감았어. 다시(찰칵!)"
"이번엔 내가 감았어. 다시(찰칵!)"

　뜨거운 햇볕과 땀에 우리 모녀는 번갈아 가며 눈이 감겼다. 화도 낼법한데 웬일로 엄마가 화내지 않았다. '영블스의 힘인가?' 우리 모녀는 불굴의 의지로 성공했다. 사진을 보며 엄마는 말했다.

　"진짜 더워 죽는 줄 알았다. 옷까지 갈아입고"

　그 더위에 옷까지 갈아입고 사진 찍었던 우리 모녀.

모녀 첫 여행을 떠올려보면 꿈도 못 꿀 일이다. "사진 찍자." 하면 손사래 치고 "사진이라도 찍어 달라." 하면 어쩔 수 없이 찍어주던 우리 엄마가 달라졌다. 누구보다 적극적으로 사진찍기에 진심이 된 우리 엄마에게 고마움을 표한다. 우리 모녀를 예쁘게 찍어준 분들께도 진심을 담아 감사했다고 말하고 싶다.

## 3장
## 꿈과 희망을 품다

멋진 차림으로 '미인도'를 봤을 뿐인데
45kg 우리 엄마는 아이돌 몸무게
다낭! 행복했다냥, 또 가고싶다냥
수리부엉이! 밥벌이와 모녀여행 사이에 깃든 행운

## 멋진 차림으로 '미인도'를 봤을 뿐인데

미술관에서 찾은 어릴 적 꿈

나는 그림을 좋아했다. 보는 것도 좋고. 그리는 것도 좋아했다. 엄마는 내가 좋아하는 것은 꼭 해주고 싶었다. 내 첫 교육기관은 미술학원이었다. 엄마는 다섯 살 고사리 같은 손으로 내가 그리고 만든 것을 집에 전시하는 게 뿌듯했단다.

"나는 네가, 그 쪼그만한 게, 미술학원 가방 들고서

'엄마, 다녀오겠습니다.' 할 때가 제일 행복했다."

 나는 솔직히 내가 첫 딸인 게 싫었다. 내 마음을 다독여 줄 언니가 있기를 얼마나 바라왔는지 모른다. 엄마도 내가 딸인 게 싫었다고 한다. 뱃속에 있을 때부터 움직임도 아들 같았고. 사람들도 아들 같다 했고. 태몽도 듬직한 아들 같은 아주 큰 대추였다고 한다. 병원에서 "딸이에요."라는 말에 믿겨지지 않고 서글퍼서 엉엉 울었단다. "왜 딸이에요? 아들 아니고." 외치며 말이다. 태어날 때 반기지는 않았어도 첫아이가 딸이라서 행복했던 엄마. 솔직히 미안하지만 둘째는 어떻게 키웠는지 기억도 잘 안난다고.

 성인이 되어서야 알았다. 엄마도 꿈이 있었다는 것을. 마음껏 그림 그리고 싶었던 꿈. 엄마는 어릴 적부터 그리기를 좋아했다. 가난한 집 육남매 셋째딸은 좋아하는 것을 차마 입 밖으로 꺼내지도 못했다. 교실에

떨어진 쓰다 남은 크레파스 조각들을 주워다 공책에 그리는 것으로 만족했다. 어른이 되어 가정을 이루고 자식 키우느라 어릴 적 꿈을 가슴 속에 품고 살았다.

"엄마, 그려봐."

도화지를 건네는 나에게 엄마는 못 배워서 안된다며 늘 거부했다.

어느 금요일 저녁. 퇴근하는 나를 반기며 엄마는 흥분된 목소리로 말했다.

"티비에서 그림[5]을 내일까지만 볼 수 있대. 내일까지. 우리도 볼 수 있을까?"

한껏 들떠 있던 엄마의 표정을 지금도 잊을 수가 없다.

다음 날 우리 모녀는 가장 멋진 옷에 구두를 신고

---

[5] 조선 후기의 화가 김홍도와 신윤복의 일대기를 픽션화 한 SBS드라마 바람의 화원이 열풍이었다. 2008년 9월부터 12월까지 방송된 20부작 인기드라마였다. 여기서 그림은 조선후기의 화가 김홍도와 신윤복이 그린 실제 그림을 포함한 조선후기 작품들을 말한다. 서울 간송미술관에서 일반인들에게 처음으로 공개하였는데 기간이 정해져 있었다.

출발했다. 버스와 전철을 번갈아 타고 마침내 간송미술관이 보였다. 미술관 입구에는 여기부터 "5시간 대기 소요시간"이라는 안내표지판이 세워 있었다. 길을 헤맨 탓인지 뾰족구두가 아파서인지 너무 늦었다. 맥이 탁 풀렸다. 엎친 데 덮친 격으로 어두워지고 날도 춥고 배도 고팠다.

"엄마, 배고프고 춥다. 어떡하지?"
"그냥 가려고. 여기까지 와서."
어디서 들어본 말. 내가 예전에 했던 말을 엄마가 그대로 했다. 물론 나도 절대로 되돌아가기 싫었다. 그렇게 우린 대기 줄에 섰다.

세 시간이 지났다.
"죄송합니다. 관람시간 종료가 얼마 남지 않았습니다. 지금 대기하는 분들은 관람이 어렵습니다."라는 안내 멘트가 들렸다. 대기 줄에 서 있던 사람들도 술렁이기 시작했다. 우리 모녀는 흔들리지 않았다. 오늘 못 보면 죽을 것처럼. 그렇게 또 한 시간이 흘렀다.

 마침내 반가운 소식이 들렸다. 미술관에서 방법을 찾았단다. 안전하게 최대한 들어갈 수 있는 인원수를 정하였다. 그룹이 되어 같이 정해진 시간동안 관람하고 나오는 것이다. 감사했다. 우리 모녀는 김홍도와 신윤복의 그림에 빠져 미친 듯이 감상했다. 특히 한 작품에 서서 움직일 수 없었다. 신윤복의 '미인도'. 미인의 슬픈 눈빛이 살아 있는 듯 우리에게 말하는 것 같았다. 우리 모녀만 느낀 신기한 감정이었다. 후회하지 말고 꿈을 펼치라고. 이 좋은 세상에서 못할 게 뭐가 있냐고 말이다.

 우리 모녀의 첫 미술관 관람을 기념하고 싶었다. 간송미술관 도록. 지금도 힘들 때면 펼쳐본다. 이때부터였을까! 우리 모녀가 여행지에서 도록을 모으게 된 것이.

 여수하면 여수 밤바다, 벚꽃, 향일암, 오동도, 동백꽃이 떠오를 것이다. 우리 모녀도 여수 밤바다를 즐겼고, 벚꽃피는 날 향일암에 올랐다. 오동도에 들어가 동백꽃이 툭 떨어진 슬픈 아름다움에 빠지기도 했다. 여수는 우리 모녀가 좋아하는 주여행지였다. 기차여행, 단체버스여행, 가족여행으로 자주 왔던 곳이다.

 그곳에 아르떼뮤지엄이 생겼다. 너무 좋았다. 들어가자마자 '아름다움과 놀라움'에 감동 그 자체였다. 아름다운 음악이 흐르고 대형화면을 가득 채운 명작품들이 입체적으로 나왔다. 순간, 관람하는 엄마가 궁금해졌다. 입을 다물지 못한 채 눈동자가 바쁘게 움직이고 있었다. 내가 가까이에서 동영상으로 촬영하고 있는지도 모를 정도였다.

"엄마, 좋아?"

"그걸 말이라고 하냐? 좋지. 눈을 어디에 둬야 하는지 모르겠구먼."

숙소로 이동하는 중에도 엄마는 엄청 시끄러웠다.

"이야. 세상 진짜 좋다. 그림이 움직이고. 꿈같더라. 내가 이런 데를 어떻게 오겠냐? 딸이 있으니까 오지. 딸 덕분에 별구경을 다한다."

내가 좋아서 시작한 여행이 효도여행이 되었다. 사실 나는 '효도'라는 말이 싫다. 뭔가 자식으로서 대단한 것을 해야 하는 부담으로 느껴진다. 그냥 엄마랑 노는 게 좋아서 하는 여행인데. 가끔 엄마 입맛에 안 맞는 식당에 갈 때만 빼고 즐겁다.

우리 모녀는 많이 비슷하다. 친구처럼. 좋아하는 가

수도 드라마도 꿈도. 어린 순옥이[6]와 선예는 그림을 좋아했고 상황이 안되어 둘 다 못 그렸지만 늘 그림은 꿈이었다.

용기내어 우리 모녀는 밤마다 그림을 그린다. 엄마는 자식을 향한 간절한 소원을 담아. 나는 그림책 그림을 따라 그리며 그림작가를 꿈꾼다. 부자되라고 해바라기 그림, 건강하라고 소나무 그림, 좋은 인연 만나라고 새 그림, 다 잘되라고 부엉이 그림. 엄마 그림은 민화에 가깝다. 소원을 담은 민화. 그러고 보니 엄마는 간송미술관과 최근에 다녀온 한국민화뮤지엄 작품을 가장 좋아했다. 엄마 꿈이 이제야 펼쳐진 것처럼 소원도 끝이 없나보다.

---

[6] 어릴 적 우리 엄마 이름은 '신순옥'이었다. 어릴 적부터 몸이 너무 아프고 힘들었다. 아픈 엄마를 위해 방법을 찾다가 이름 이야기를 들었다. 개명을 하면 이제 더 안 아플 거라는 말에 작명소에서 이름을 지었다. 내가 직접 개명 준비하고 신청하는 과정도 즐거웠다. 엄마에게 건강한 이름을 선물하는 기분이었다. 지금은 '신정은'으로 살고 있지만 여전히 이모와 삼촌들은 순옥이라고 부른다.

우리 모녀는 서로가 미술 선생님이 되어 응원해준다.

"엄마, 이 좋은 세상 못할 게 뭐가 있어. 하고 싶은 거 다 해."
"우리 엄마도 못 해준 걸 네가 다 해준다. 두고 봐라. 넌 나중에 나처럼 후회 안 할 거다."

덧붙이는 이야기. 엄마는 65세부터 그린 작품 중 삼십여 작품을 선정하여 첫 개인전을 했다. "칠순에 행복을 말하다." 주제로 많은 이들에게 축하를 받았다. 행복해하던 엄마의 활짝 핀 미소를 잊을 수 없다.

신정은 개인전

# 칠순에 행복을 말하다

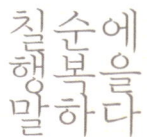

기간   2025.8.1. ~ 8.31.
　　　(매주 월요일 휴관)

장소   당진시립중앙도서관
　　　2층 해오름 갤러리

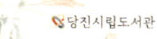

## 45kg 우리 엄마는 아이돌 몸무게

죽을 고비 넘기며 떠나는 희망여행

행운의 숫자 '7'을 좋아하기에 내심 기대하고 있었다. 우리 모녀 7번째 여행. 여수를 거쳐 순천만을 다녀오는 여정.

첫날부터 걷고 또 걸었다. 향일암도 오르고 오동도도 다녀오고. 평소 운동과는 거리가 먼 우리 모녀에게 불이 떨어졌다. 발등이 아닌 발바닥에.

'걷는 운동이라도 좀 할걸.'

급 후회가 밀려왔다. 평소 체력관리 못 한 서로를 탓하며 말이다. 다행히 맨발걷기로 뜨거운 발바닥을 그나마 조금 식혔다.

다음날, 순천만 갈대밭이 우리를 기다리고 있었다. 광활한 자연 그대로 드넓은 길. 도착하자마자 숨이 헉 막혔다.

'아! 진짜 이번 여행 잘못 잡았네. 실수다. 큰 실수!'

늘 재잘대던 나는 급격히 말수가 줄어들고 엄마 눈치를 살피기 시작했다. 금강산도 식후경이라고 했던가! 아니다! 이번 여행은 금강산도 체력이었다.
'다시 버스로 가야 되나. 아니지. 여기까지 와서. 갈대밭을 언제 또 보러 오겠어. 그치. 이렇게 아름답게 넘실거리는 갈대를 두고 그냥 갈 수는 없지.'

내적갈등 끝에 내린 결론. 톤을 한껏 높이며(원래 톤은 높지만) 모르는 척 말을 건넸다.

"엄마, 순천만이야. 갈대 좀 봐. 바람에 춤추고 있어."

"됐다."

엄마는 지금까지 많이 참고 있었다. 딸 눈치를 보고 있었던 거다. 나중에 안 사실이지만.

'저 가시내[7]가 힘들다 하면 성질내면서 펄펄 뛰겠지.'

"여기까지 와서 안 가본다고?"

한참 뜸을 들이더니 엄마가 대답했다.

"그래. 가자. 언제 또 오겠냐?"

우리 모녀는 갈대밭을 거닐었다. 입구로부터 그리 멀지 않은 거리까지만. 되돌아 나오는 길에 벤치에

---

[7] 어릴 적부터 엄마와 할머니는 나를 부를 때, 내 이름보다는 "가시내"라고 자주 불렀다. '가시내'는 계집아이를 가리키는 경상, 전라 방언이라고 한다.

앉아 쉬었다. 그렇게 우린 7번째 여행을 마무리했다. 행운은 무슨! 기대한 만큼 화가 났다. 사실 "7"은 숫자일 뿐 잘못한 게 없다.

역에서 집으로 오는 택시 안. 엄마는 소리 내어 '엉엉' 울었다. 진짜 어린아이가 길 가다가 넘어져 우는 것처럼. 내가 어떻게 대처해야 할지 막막할 정도였다.
"엄마, 왜 그래? 왜 울어? 응?"
"아파. 진짜 너무 아파. 나 너무 아파."
'아프다'는 말을 쉽게 내뱉지 않는 엄마가 운다. 아프다고. 그것도 택시 안에서. 택시 기사도 당황해서 어쩔 줄 모르고. 내 귓가에는 노래가 울려 퍼졌다. 김광진 가수의 '편지'.

'여기까지가 끝인가 보오.'

내 욕심이었나. 아니면 여기까지 다닌 것만으로도 감사해야 했나. 오만가지 생각이 들었다. 가장 중요한 것은 엄마가 아프다는 것이었다.

집에 돌아와 바로 병원예약부터 했다. 다행히도 내가 병간호할 수 있는 거리에 그 시절 '관절'하면 떠오르는, 이름만 들어도 힘이 날 것 같은 '힘찬병원'에서 엄마는 무릎연골 수술을 했다. 한쪽도 아닌 양쪽을. 엄마는 수술 후 한동안 앉는 것도, 걷는 것도 힘들었다. "그냥 놔두지. 왜 나를 수술시켰냐"며 나만 보면 화를 냈다.

여행을 통해 발견된 엄마의 통증. 38세부터 시작된 퇴행성관절염이었다.

수술은 가벼운 시작에 불과했다. 몇 년이 지나도 해결되지 못한 발바닥 통증이 문제였다. 거인 발처럼 부풀어 올라 일반 신발을 찢어야 하는 지경까지 오고야 말았다. 핑계지만 내가 자취하고 있을 때라 너무 늦게서야 알았다. 엄마는 내가 걱정할까 봐 말도 못 꺼내게 아빠 입단속을 했단다. 이럴 때만 말 잘 듣는 아빠 덕분에 아니 '때문에'. 또 발등에 불 떨어졌다. 대학병원에서 여러 가지 검사 끝에 결과가 나왔다. 희귀병 류마티스 관절염이었다.

"희귀병이요? 우리 엄마가요?"

재차 묻는 내 옆에 엄마는 바르르 떨고 있었다. 평생 약을 먹고 살아야 하는 신세가 되었으니 우리 엄마는 청천벽력같은 일이었다.

그러던 어느 날이었다. 오랜만에 집에 오니 엄마가 신경이 곤두서있었다.
"어디서 썩은 냄새 나지 않냐? 뭐가 썩고 있어."

"내가 니 엄마 때문에 못 살겠다."

대뜸 나에게 어디서 냄새나는지 집에 온 김에 빨리 찾으라고 성화였다. 옆에 있던 아빠는 나를 구세주를 보듯 간절하게 바라보았다. 냄새 근원지는 끝내 찾지 못했다.

다음 날, 나는 엄마를 모시고 정기진료를 받으러 갔다. 가는 길에 이비인후과에도 들렀다. 나의 촉은 무서울 만큼 정확할 때가 있다. 아니길 바랐지만. 영문도 모른 채 엄마는 졸졸 따라다녔다. 레지던트는 깜짝 놀라 어찌할 바를 모르더니 심호흡을 하고 말했다.

"환자분, 지금 특진으로 교수님이 진료할 겁니다. 긴급수술 들어갈 수도 있어요."

엄마는 그날 수술할 줄은 꿈에도 몰랐다. 방금 전까지만 해도 처음 맛본 마카롱에 행복했는데. 코에 가득

찬 혹이 시신경 몇mm 앞까지 자리 잡고 있었다. 하마터면 눈까지 잃을 뻔했단다.

코 수술을 마치고 엄마는 말했다.

"어디서 그러더라. 너 때문에 내가 죽고 싶어도 못 죽는대. 저승 앞까지 가는 나를 네가 꼭 살린 대더라. 희한하지. 희한해. 네가 의사도 아니잖아."

그 말이 맞을 수도. 엄마에게 무슨 일이 생기면 아빠가 아닌 내가 옆에 있었다.

어린이날이었다. 아빠는 혼자 낚시를 갔다. 엄마는 복통에 떼굴떼굴 굴렀고 중학생이었던 나는 택시를 잡고 응급실로 엄마를 모시고 갔다. 엄마는 그날 쓸개를 떼어냈다.

어떤 날은 이층집 가파른 계단 꼭대기에서 엄마가 발을 헛디뎌 굴러떨어졌다. '쿵' 소리와 함께. 그 순간을 떠올리면 지금도 심장이 벌렁거린다. 엄마는 쓰러졌고 깨어나지 않았다. 심폐소생술도 전혀 모르던 때라 간절히 엄마 옆에서 소리치며 울었다. 119신고도 못했다. 집에 들어가면 엄마를 두 번 다시 못 볼까 봐.

"엄마! 안 돼. 엄마! 지금 가면 안 돼. 나 어떡하라고."

간절히 기도했다.
'부처님, 제발, 살려주세요. 엄마까지 빼앗지 말아요. 저한테는 엄마밖에 없습니다. 지금 데려가거든 저도 갑니다. 저도 데려가세요.'
기도 아닌 협박을 했다. 그리고 한 계단씩 떨면서 올라가고 있었다. 그때였다.

엄마가 눈을 떴다.

"선예야."

엄마는 그렇게 기적처럼 일어나 걸었다. 그 이후로도 엄마는 두 번의 수술을 더 받았다. 잊을만하면 엄마의 아픔들이 존재감을 드러냈다.

류마티스 관절염 약은 너무 독했다. 구토는 엄마의 일상이 되었다. 먹다가도 구토, 먹었는가 싶으면 또 구토. 구토하다가 결국 굶기 시작했고 체중은 급속히 줄어들었다.

"엄마가 여자 아이돌이야? 45kg이라니. 어떡할 거야?"

"다 늙어서 아이돌은 무슨. 늙어서 못해"

기력이 떨어져 누워있으면서도 엄마 개그는 변함없었다.

한창 유행하는 타로카드 점을 보았다.

"편찮으시죠? 지금 아픈 거는 아픈 것도 아니에요. 앞으로 더 아플 거예요. 죽을 만큼."

화가 머리끝까지 난 엄마는 자리를 박차고 일어났다. 더 볼 것도 없다고 했다. 아랑곳하지 않고 점술가는 말하였다.

"신기하게도 죽을 고비 넘기면 언제 그랬냐는 듯. 어떤 계기로 벌떡 일어나요. 밥도 잘 먹고 딸이랑 전국일주라고 해야 되나. 방방곡곡을 다녀요. 다니다가 나중에는 비행기도 타요. 그러니까 어머님, 건강하셔요."

어찌 되었든 우리 엄마는 기적처럼 죽을 고비를 넘기고 있었다. 엄마는 타로점 결과를 너무 싫어했지만 나는 희망이 있어서 좋았다. 죽을 고비만 잘 넘기면 된다는 희망. 우리 모녀 여행을 또 갈 수 있다는 희망.

지금도 그 희망을 품고 살아간다.

 (덧붙이는 말. 엄마는 지나고 보니 신통방통하다며 타로카드 점술가를 찾으려고 애썼다. 마침내 점술가에게 미안했고 고맙다는 인사를 전했다.)

## 다낭! 행복했다낭, 또 가고 싶다낭

아픔을 딛고 떠난 베트남 여행

당진에 이사 온 이후로 부모님은 두 할머니를 모셨다. 건강히 지내오다가 거동도 불편해지고 치매증상이 생겼다. 한동안 부모님은 위아래층으로 다니며 직접 모셨지만 그리 오래 가지 못했다. 두 할머니를 모시기에 부모님도 건강하지 못했다.

결국은 가까운 요양병원으로 친할머니 먼저, 2년 뒤

에는 외할머니까지 모셨다. 같은 요양병원에 같은 병실, 두 할머니는 마주 바라보는 자리에서 지냈다. 친할머니는 외할머니를 살뜰히도 챙겼다. 내향적인 사돈이 기관에 적응하지 못하고 힘들까 봐 걱정이었다. 집에서 가장 가까운 요양병원이기에 부모님은 하루에 적어도 1-2번은 방문하여 드시고 싶은 것, 챙겨드릴 것을 확인하였다.

1년이 지났다. 벚꽃잎이 휘날리던 봄과 뜨거웠던 여름, 친할머니를 보내드린 아픔이 가시기도 전에 외할머니도 돌아가셨다.

"뭐 하려고 왔어? 바쁘게 뛰댕기는 것이."
"울 할머니 보고 싶어 왔지. 내가 왜 왔겠어?"
"시집을 가야지. 시집을."
"할머니가 좋은 사람 찾아주면 가지."
"그랴. 할머니가 찾아줄게."

외할머니와 했던 마지막 대화였다.

가을. 갑자기 동네 개들이 진드기에 물려 죽어가고 있었다. 우리 집 '똘똘이'도 피하지 못했다. '똘똘이'는 우리 집 앞에 버려져 있던 작은 강아지였다. 이름대로 똘똘하고 사랑스러웠다. 어찌나 똘똘한지 홍삼 가게 안으로는 절대 들어오지 않았고, 아버지가 일하는 아파트 경비실까지 같이 출근하고 퇴근했다. 새끼들을 낳을 때마다 장에 내다 팔자 몰래 숨어서 낳기도 했다. 6년을 함께했던 똘똘이가 예고도 없이 그렇게 갑자기 떠났다.

그 해는 떠나보내는 아픔으로 가득했다. 코 수술을 하는 고통과 아픔을 한꺼번에 치른 엄마를 달래주고 싶었다. 그래서 큰마음을 먹었다. 다행히도 마침 글을 쓴 그림책이 출간되어 계약금을 받았다.

'그래, 이번이 기회다. 가까운 동남아라도 다녀오자.'
 국내도 좋지만 다른 나라로 가서 여기 일은 잠시 잊기를 바랐다.

 시작부터 성공 예감. 엄마는 여행이야기를 꺼낼 때부터 기다렸다는 듯 신이 났다. 그러고 보니 순천만여행을 끝으로 이래저래 못 갔다. 다리 수술하고 회복이 안 되어 못가고, 두 할머니 편찮으셔서 못가고, 요양병원에 모셔놓고 죄송해서 못가고. 못 가는 이유는 계속 이어져 왔다.

 여행가기 하루 전이었다.
 "엄마, 내가 용돈 줄게. 다닐 때마다 엄마가 팁도 주고, 사고 싶은 것도 사."
 미리 준비한 달러를 봉투에 담아주자 엄마의 얼굴이 꽃처럼 활짝 피었다. 옆에서 아버지는 부러운 듯 바라보더니 오랜만에 달러를 본다며 웃는다. 아버지

한테 미안했지만 어쩔 수 없었다.

3박 4일 여정. 대부분 동남아 여행이 그렇듯 첫날은 비행기타고 베트남 도착 일정으로 끝. 본격적인 여행은 둘째 날부터였다. 우리 엄마가 가장 행복했다는 다낭 호텔 조식으로 시작했다.

"있잖아. 저기 저 멋진 사람이 나한테 빵 이렇게 먹으라고 알려줬다."
"울 엄마 좋았겠네!"
"저렇게 멋진 사람이 나한테 말했어."
우리 엄마가 그렇게 소녀처럼 수줍게 웃는 모습을 본 적이 없다. 그때 처음 알았다. 엄마도 소녀였고, 여자였다는 것을. 엄마는 지금도 가끔 그 멋진 신사를 얘기한다.
"진짜 멋진 신사였어. 내가 언제 그런 신사를 만나겠니?"

엄마는 호텔 조식이 행복한 게 아니었다. 멋진 신사가 빵을 건넸고 못 알아듣는 영어지만 기분좋은 말이었고. 베트남 커피도 향긋했고 달콤했다. 세 잔을 들이마실 정도로.

셋째 날, 관광지에서 사진사에게 기념사진을 찍었다.
"저 아저씨가 뭐라고 했는데. 니가 뭐라고 하는지 들어봐."
"아저씨가 엄마 예쁘다고 해서 내가 고맙다고 인사했어."
"난 욕하는 줄 알고 나도 욕할 뻔했다. 안 하길 잘했네."
엄마는 너무 웃겼는지 깔깔대고 웃었다.

전날 호텔에서는 멋진 신사가 말을 건넸다고 행복해하더니 오늘 관광지에서는 베트남 사진사를 오해하고 화낼 뻔했단다. 우리 엄마는 외모지상주의자였다.

아름다운 풍경에 맛좋은 식사로 행복한 여행이 이어졌다. 하루 세끼를 남이 정해놓은 식당에서 남이 해주는 음식이니 얼마나 행복한가! 엄마는 여행 내내 식사를 마치면 장난끼 가득한 표정으로 두 손을 모으고 공손하게 인사했다.

"딸내미 잘 먹었습니다. 행복합니다. 고맙습니다."

호텔에 들어오면 서운함이 가득한 표정으로 말했다.
"너 꼭 시집가려고 준비하는 것 같다. 시집가기 전에 엄마랑 마지막 여행 온 것 같다. 이러면 안 되는 데 서운하다. 너 시집가면 나 어떡하지?"
"별걱정을 다한다. 엄마, 내가 시집가면 어디 멀리 가나!"

엄마는 그때 전혀 몰랐다. 내가 엄마 옆에서 준비만 하고 있을 줄이야.

마지막 날, 베트남 시장을 다니며 아기자기한 소품이며 가방들을 구경했다. 한 곳에서 걸음을 멈추었다. 간이 테이블에는 베트남 관광상품인 팝업카드가 20-30개 정도 펼쳐져 있었다.

"엄마, 내가 베트남에서 사려고 했던 게 이거야. 예쁘지?"

팝업카드를 보며 신나게 떠들던 나는 갑자기 할 말을 잃었다. 고개를 들어보니 베트남 모녀가 보였다. 우리가 말할 때마다 엄마는 딸에게 손짓을 했고, 딸은 우리의 입 모양과 말을 들으려고 애쓰고 있었다. 모녀 모습이 꼭 우리 같았다. 엄마도 나와 마음이 같았는지 눈물을 훔치고 있었다.

나도 모르게 난생처음 허세를 부려보았다. 테이블

위에 있는 카드 전부 사겠다고. 놀란 딸은 재차 확인했다. 모두 사겠다며 남아있던 달러를 보여주었다. 노점상 모녀는 우리가 간 뒤 웃으며 테이블을 정리하고 있었다.

"잘했다. 잘했어. 꼭 우리 같더라."
"다행히 비싼 게 아니어서 살 수 있었어. 휴."

베트남 모녀여행은 성공적으로 마무리되었다. 이 행복을 집에 가서도 잊지 말자며 엄마는 다낭공항에서 모녀커플가방을 샀다. 꼭 다낭에서 우리 모녀 커플가방을 사고 싶었단다. 행복한 기운이 늘 같이 있어줄 것 같아서. 우리 엄마의 이 믿음은 지금도 변함없다. 행복했던 여행지에서 커플가방구입은 다음에도 이어진다.

"지금껏 다닌 여행 중에서 어디가 제일 좋았어?"

"알면서 뭘 물어? 다낭이지."

"또 가고 싶어?"

"응. 너랑 둘이 또 가고 싶어. 또 가도 좋을 것 같애."

　어제 물어도, 오늘 물어도, 내일 물어도, 엄마는 똑같은 대답이다. '다낭'이 제일 좋았다고. 사실 우리 모녀에게 외국여행으로 '다낭'이 처음도 아니다. 내가 아주 어릴 적 가족여행으로 아시아, 동남아시아 위주로 몇 곳을 다녔다. 그래서 덧붙여 뭐가 좋았냐고 물어보면 변함없이 대답한다. 멋진 사람도 보고, 맛있는 것도 먹고, 구경하고, 마음껏 사고, 신나게 다니고, 다 좋았다고 말한다. 더 물어보면 마지못해 진짜 대답을 한다.

"내가 이제 따라다니기만 하면 되니까 좋아."

　아픔을 달래주려고 간 여행지 베트남 '다낭'이었다.

엄마는 지금도 힘들 때면 '다낭'을 떠올린다. 가장 힘들 때 간 '다낭'에서 딸과 함께 다시 힘을 얻어 왔다고.

## 수리부엉이!
## 밥벌이와 모녀여행 사이에 깃든 행운

⋮

보육실습지도 강원도 여행

내가 운영교수로 있는 교육원에서 현장실습지도[8] 담당을 구하고 있었다. 문득 나의 실습 시절이 떠올랐다.

---

[8] 교육원에서 일정 교육을 받은 학생들이 보육현장에 가서 2개월 현장실습지도를 받는다. 이 실습기간동안 학생들에게 실습에 관한 전반적인 사항을 안내하고 현장실습기관에 방문하여 지도하는 것이 실습지도 운영교수의 역할이다.

대학에서 유아교육을 전공하고 기다리던 실습을 하게 되었다. 첫 실습기관은 동네 아파트 단지 내 유치원. 부푼 기대와 설렘으로 시작한 실습. 첫날부터 끝날 때까지 실망과 힘겨움의 나날이었다. 보여주기식의 교육과 사진만 찍는 행사로 이론과 너무 다른 현장이었다. 무엇보다 실습지도교사의 태도와 과도한 요구가 가장 힘겨웠다. 기본적으로 실습생이 해야 할 업무에 추가로 교재교구 재료구입 및 제작, 교실청소에 복도, 계단, 화장실청소까지. 정해진 실습시간이 훌쩍 지난 늦은 밤 귀가할 수 있었다. 차마 학교 지도교수님에게도, 누구에게도 말하지 못했다. 실습기관 원장의 협박 아닌 강압이 있었기에.

사랑스러운 아이들 덕분에 잘 버텨서 첫 실습을 마쳤고, 두 번째 실습은 동네 인근 어린이집. 행복과 기쁨의 실습이었다. 앞서 다녀온 유치원실습기관과는 모든 것이 상반되었다. 가장 좋았던 것은 실습생을 인격적으로 존중해주고, 실습지도에 진심이었다. 하나부터 열까지 세심하게 알려주고 칭찬도 아끼지 않았다. 실습 마지막 날에는 아쉬움에 서로 끌어안고 작별 인사를 할 정도였다.

 자격취득에 있어 두 실습으로도 충분했으나 유치원 실습을 생각하면 아쉬웠다. 학과 교수님께 추천받아 겨울방학 참관실습으로 한 달 정도 개별적으로 진행했다. 졸업하고 보육교사가 되어서는 1년에 2명씩 해마다 실습생을 배정받아 실습지도를 했다. 실습생의 어려움을 잘 알기에 같이 고민해주고, 도닥여주고, 잘할 수 있도록 이끌었다.

 '나보다 실습 잘 아는 사람은 없을걸. 내가 안 하면 누가 하지?' 자화자찬하면서 흔쾌히 실습지도 과목을 맡았다. 그것도 전국보육실습지도를. 학생들을 만날 생각에 설레었다. 더 좋은 건 일도 하고 엄마랑 전국으로 여행도 하고. 꿩 먹고 알 먹고.

"엄마, 이번 주는 땅끝마을이야."
"엄마, 다음 주는 경기도야."
"엄마, 그 다음 주는 충청도야."
"엄마, 마지막 주는 강원도야."

현장실습하는 2개월 동안 매주 우리 모녀는 여행자가 되었다. 서울, 인천, 경기도, 충청도, 전라도, 강원도. 매주 정해지는 실습지에 따라 우리 모녀의 여행계획도 달라졌다. 가까운 곳은 당일 여행으로 전라도와 강원도는 짧게는 1박, 길게는 2박으로 계획했다.

가장 기억에 남는 실습지도는 강원도. 일하러 가는 것인지 여행인지 헷갈릴 정도로 짐을 챙겼다. 홍천을 시작으로 양양 걸쳐 정선 찍고. 영월, 원주. 2박 3일 여정이었다. 실습지도교사와 실습생과 면담을 하는 동안 엄마는 차 안에서 기다리고 있었다. 방문지도[9] 하는 시간이 그리 길지 않아 가능했던 일. 끝나고 차에 돌아오면 다시 모녀여행을 시작했다.

우리들의 추억이 담긴 곳 양양. 우리 가족이 새해 소원을 담아 빌었던 낙산사. 할머니와 함께 해수사우나를 즐겼던 온천. 여름이면 물놀이를 즐겼던 낙산해수욕장. 우리 집처럼 편안했던 민박집.

낙산사에서 홍련암으로 가는 길에 반갑고 신기한 일이 있었다.

"선예야, 저기. 독수리 같은 새가 날아왔어. 날개를 활짝 펴고."

---

[9] 방문지도는 현장실습기관 방문지도를 말한다. 현장실습기관(예:어린이집)에 1회기 직접 방문하여 실습지도교사와 실습생을 대상으로 개별면담을 진행한다. 실습지도교사와 개별면담은 실습생이 실습을 잘 수행하고 있는지, 태도면이나 자질, 실습지도계획에 대해서 묻고, 건의사항이나 질문에 응답한다. 실습생과 개별면담은 실습기관과 실습지도교사에 대한 질문과 실습의 어려운 점, 궁금한 사항에 대해 응답해주는 시간을 갖는다. 소요시간은 짧게는 40분에서 길게는 1시간 정도이다.

고개를 돌려보니 소나무 위에 뭔가 있었다. 무엇인지 알 수가 없어 서둘러 사진을 찍었다.
"엄마, 엄마. 대박이야. 부엉이. 부엉이인 것 같아."

우리 모녀의 흥분된 목소리는 울려 퍼졌다. 지나가던 다른 여행객들이 걸음을 멈추고 모여들었다.
"어디요? 어디? 부엉이가 있다고요?"
우리 모녀의 흥분이 다른 이들에게 고스란히 전이되었다.

돌아오는 길에 더 신기한 이야기를 들었다.

"수리부엉이가 진짜 오랜만에 온 거예요. (낙산사에) 불나고 나서 잘 안 왔거든요."

행운이었다. 3년 만에 온 수리부엉이를 만났다니. 모든 것이 감사했다. 실습지도를 맡아 강원도에 온 것도. 양양에 어제도 아니고 내일도 아닌 지금 온 것도. 마침 수리부엉이가 날아온 소나무 아래를 걸어갔던 것도. 모든 것이 딱 맞아 떨어진 것 같은 기분.

첫날의 좋은 기운으로 남은 일과 여행일정도 무탈하게 보냈다. 집으로 돌아온 엄마는 오로지 수리부엉이 생각뿐이었다.

"선예야. 빨리 사진 좀 뽑아(인화해)."

수리부엉이 사진을 벽에도 붙이고 책상에도 붙였다. 엄마는 흰 종이에 수리부엉이를 그리기 시작했다. 마음에 들 때까지 밤낮으로 끊임없이 반복하여 그렸다. 엄마는 손이 아닌 간절한 소망을 담아 눈빛으로 그려냈다.

"수리부엉이가 행운을 가져다줄 거야."

해바라기만 그리던 엄마가 소나무와 부엉이를 즐겨 그리기 시작했다. 엄마에게 예술적 영감을 준 수리부엉이를 '실습지도'가 아니라도 만나러 가고 싶다.

# 4장
# 가수 덕질하다

엄마 눈에는 '영탁'뿐! 친아들은 안 보여
'영탁'가라사대 "먹고, 웃고, 챌린지하라"
이보다 더 좋을 수 없다. '영탁' 덕분에
모든 순간에 '영탁', 자동차가 견인될 때도
사랑요? 이제는 대놓고 표현합니다

## 엄마 눈에는 영탁뿐! 친아들은 안보여

당진모녀, '영탁' 입덕기

베트남 여행으로 엄마가 나아질 거라고 기대하지 않았다. 그래도 조금이라도 편안해질 거라고 내심 기대했다. 내 마음을 아는지 모르는지. 엄마는 약 부작용으로 매일 구토를 하며 간신히 버티고 살았다. 설상가상으로 크게 넘어져 치아마저 잃었다. 환갑을 갓 넘긴 엄마는 상실감과 함께 틀니를 하게 되었다. 하루에 한 끼도 제대로 못 먹고 넘기는 날이 많아졌다. 급격히 체중은 줄어들고 누워있는 생활이 당연해져 갔다.

 나약해지는 엄마와 더불어 온 세상이 어수선하고 일상이 무너지고 있었다. 코로나시기였다. 우연히 채널을 돌리다가 트롯오디션 프로그램에 멈추었다. 한 가수에게 시선이 가고, 마음이 가고, 푹 빠지게 되었다. 오디션 최종날 실시간 국민투표와 심사가 이루어졌다. 그런데 이게 무슨 일인가? "최종결과는 일주일 뒤에 발표하도록 하겠습니다." 진행자 멘트가 흘러나왔다.

 "말도 안돼. 이런 개XX들."

 하루에 한 끼 죽만 먹고 누워있던 엄마가 벌떡 일어났다. 심지어 소리쳤다. 그렇게 시작된 덕질이었다. 우리 모녀는 응원하는 가수에게 부디 좋은 결과 이루기를 간절히 바라고 있었다. 다행이라고 해야 하나.

방송사에 항의가 빗발쳤고 일주일이 아닌 며칠 뒤 발표하였다. 우리 모녀가 응원하는 가수는 "선"이 되었다. 엄마는 그 이후로 구토를 할지언정 식사를 조금이라도 꼬박꼬박 챙겨 먹었다. 응원하는 가수가 잘 되는 것을 더 보고 싶었단다.

"울 엄마 살았네. 살았어."
"내가 언제 죽었었냐?"

뼈밖에 안 남았던 엄마가 언제 그랬냐는 듯, 일어나 끼니를 챙겨 먹는 것은 기적에 가까웠다. 우리 가족 모두 믿을 수 없는 일이라고 회상할 정도다.

모녀가 나란히 팬카페에 들어가고 팬들과 함께 응원하고 소통하며 여지껏 느껴보지 못한 새로운 경험과 기쁨에 주체할 수 없었다. 드디어 콘서트 일정이 나왔다. 티켓팅은 역시나 피켓팅. 엄마와 나는 떨어져

앉게 되어 아쉽지만, 자리를 잡은 것이 더 감사했다.

 소모임 응원복을 입고, 커플가방을 메고 다녔다. 누가 봐도 팬임을 팍! 팍! 티 내면서 대중교통을 타고 갔다. 지나가는 일반인들의 따뜻하고, 때론 따갑고, 흐뭇한 시선들을 느끼며 걷고 또 걸었다. 지금 생각해보니 이렇게 걸어 다녔던 엄마가 대단하다. 누워만 있던 엄마가 대중교통으로 이동하고 다녔다니!

 생애 처음 콘서트장에 들어간 모녀는 어안이 벙벙했다. 딴 세상에 들어온 기분이라고 해야 할까. 화려한 조명과 무대, 어디에 시선을 둬야 할지 몰랐다. 운 좋게 잡은 무대 앞자리를 서로 양보했다. 이럴 땐 사이좋은 모녀가 따로 없다.

 "젊은 니가 앉는 게 맞아. 영탁이도 그게 좋을 거다."

그렇게 앞자리는 내가 앉았다. 저만치 뒤에 앉아 있는 엄마한테 미안해하며. 물론 가수 영탁이 나오자마자 미안함도 잠시, 심장이 요동치기에 정신을 못 차렸다. 심박수는 최대치를 향해가고 있었다. 진짜 그런 기분은 난생 처음이었다. 공연이 중반에 이를 때였다.

"도저히 안되겠다. 가까이서 보고 싶어서."

엄마가 바짝 엎드려 기어서 내 자리로 왔다. 그때 그 귀여운 엄마 모습은 정말 사랑스러워서 잊지 못한다. 얼른 자리를 바꿔 앉았다. 사실 관람규칙상 안되겠지만 뭐, 어쩌겠나! 모녀가 서로 자리 바꿔 보겠다는데. 학생 때 땡땡이치는 기분처럼 이것도 설렜다.

"자리 바꾸니까 좋았지?"
"영탁이가 놀랐겠지. 젊은 애였는데 갑자기 늙은 아줌마로 변해서. 껄껄껄."

4장 가수 덕질하다

"진짜 이쁘지?"
"카메라 감독이 잘못했지. 잘못했어! 그 이쁜 애를 (TV에) 그렇게 나오게 하고."

우리 모녀는 영탁을 실물로 본 순간부터 '그 이쁜 애'로 통했다.

"그 이쁜 애가 마음도 착해."
"그 이쁜 애가 노래도 잘 불러."
"그 이쁜 애가 멋있어."
"그 이쁜 애가 웃었어."
"그 이쁜 애가 울었어."

엄마와 같은 가수를 응원한다는 것 자체만으로도 행복했다. 그 행복이 지금도 이어지고 있다. 콘서트 전국투어와 지방행사, 방송국 방청에 이르기까지. 모든 것이 감사하다. 특별히 우리 가수님 영탁에게 모든 감사를 표한다. 우리 엄마를 일으켜 주고 건강하게 살아가도록 기적같은 힘을 주었기에 말이다.

"엄마, 또 영탁이야? 아들은 안 보여?"
"영탁이가 나를 살렸잖아. 죽어가는 나를 살렸잖아. 엄마가 또 누우면 좋겠냐?"

질투하는 남동생에게 엄마는 거침없이 하이킥을 날린다.

## '영탁'가라사대 "먹고, 웃고, 챌린지하라"

당진모녀, 난생처음 경험하는 것들

우리가 기다리고 기다리던 영탁 신곡 '전복 먹으러 갈래'. 발표되자 팬클럽카페에서 이벤트가 열렸다. 여기저기서 전복댄스챌린지가 한창이었다. 왕년에 콩쿨대회 좀 나갔던 엄마는 몸이 근질근질하신 모양이었다.

"우리도 챌린지인지 뭔지 하자. 못 춰도 된대잖아."

"난 진짜 안된다고. 엄마도 알면서 그래."

엄마는 결심했다. 깨끗이 목욕재계하고, 정갈한 몸과 마음으로 '영탁팬'글자가 새겨진 티셔츠도 갈아입고, 파란 모자에 배지도 달았다. 신곡에 맞추어 혼자 집에서 춤을 추었다. 숏폼에 올리자마자 생각지도 못한 뜨거운 반응이었다. 재생 조회수 6,900개, 좋아요 316개, 댓글 19개.

"내 춤을 이렇게나 많이 봤다는 거야?"

엄마는 난생처음 받아본 관심에 흥분하고 있었다.

> ☞ 내사람들 최고예요. 전복 먹으러 갈래 대박 대단하십니다.
> ☞ 어머님 멋지십니다. 최고 최고. 내 가수 닮아 흥도 최고네요. ^^
> ☞ 멋지게 사시는 내사람들 넘 좋네요.
> ☞ 들으면 행복해지는 노래 전복먹으러갈래 넘 흥겹네요.
> ☞ 넘 귀여우시네요.~~♡♡♡진정한 찐이시네요...ㅎ
> ☞ 나두 팬.

> ☞ 멋지십니다. 최고 최고.
> ☞ 짱 멋지십니다~^^
> ☞ 진짜 최고세요.
> ☞ 아이고 어머님 최고로 찐입니다. 춤도 잘 추셔.
> ☞ 귀여우세요~
> ☞ 영탁 전복 먹으러 갈래 댄스 최고세요!! 넘 멋지십니다.
> ☞ 내사람들 챌린지 영탁 행복하겠어요. 힐링 감사합니다.
> ☞ 영탁 전복먹으러갈래 챌린지 최고예요.
> ☞ 영탁 진심을 담은 감성보이스 마음을 움직이는 내 가수 노래 힐링이 됩니다.
> ☞ 어머님 최고 춤도 넘 잘 추시네요.
> ☞ 영탁 전복먹으러갈래 배경도 좋고 춤선도 예쁘세요. 잘하셨어요.

열심히 댓글을 읽는 내 옆에서 엄마는 수줍게 웃고 있었다. 챌린지 투어를 알리는 암시였다.

신곡이 잘 되길 바라는 마음으로 간 서산 간월암. 정성껏 기도를 드리고, 미니 소원등도 달았다. 갑자기 엄마가 걸음을 멈췄다.

"여기가 좋겠다. 여기서 하자."

한 번 시동 걸린 엄마는 어디서든 챌린지를 하고 싶

어 했다. 마침 물도 빠졌고, 평일이라 관광객도 별로 없었고. 타이밍이 딱! 이었다. 최대한 바닥이 평평한 곳을 찾았다. 춤은 엄마가 추는 건데 내가 더 바빴다.

"하나, 둘, 셋, 시작!"

어느새 나는 촬영감독이 되었고 엄마는 내 신호만 기다리고 있었다. 밖에서 추는 춤이라 그런지 엄마는 엔지를 많이 냈다. 초반에 엔지를 외칠 때만 해도 힘들어하기는커녕 즐겼다. 몇 번의 엔지 끝에 결국 다리 힘이 풀려 못하겠단다. 찍은 영상 중에 하나 골라서 숏폼에 올렸다. 엄마는 마음에 안 들었는지 더 멋진 장소를 찾으려고 애썼다.

'영탁하우스캠프'. 예전부터 알고 있었으나 멀어서 갈 엄두도 못 내던 곳이었다. 엄마를 모시고 가는 첫 장거리 운전이라 처음엔 나도 망설였다. 고민 끝에 도전! 가수 영탁을 알게 되고 처음 해보는 것들이 생겨날 때마다 다 좋았으니까.

 당일치기로 계획하고 아침 일찍 출발했다. 장거리 운전임에도 전혀 피곤하지 않았다. 이것이 바로 가수 영탁을 향한 팬심이었다. 휴게소에서 쉬었다가 안전거리 유지해가며 조심조심 안동에 도착했다.

 안동은 우리가 좋아하는 가수 영탁의 고향. 더 포근하고 공기도 더 좋고 그냥 모든 게 다 좋았다. 우리의 목적지 도착. 다행히도 평일이라 관계자 말고는 아무도 없었다. 여기저기 가수 영탁 사진과 응원 글이 우리 마음을 사로잡았다. 적당한 자리를 잡아 챌린지를 시작했다. 흥겹게 춤추는 엄마를 응원하며 즐겁게 촬영했다. 단 한 번에 오케이.

 "안 되겠어. 나 여기서 해결하고 가야겠다."

'이게 뭔 소리인가?' 생각하는 찰나에 엄마는 화장실을 향해 질주하고 있었다. 한참 뒤에 나온 엄마는 개운한 얼굴로 말했다.

"배고파! 배고파!"

여기서 잠깐! 여행에 있어서 음식 궁합이 가장 중요하다. 모녀여행에서 깨달은 점이다. 서둘러 안동찜닭 거리로 출발. 한 예능프로에서 가수 영탁이 소개한 그 맛집으로 향했다. 음식이 나오자 영탁 포토카드를 가지런히 놓고 사진을 찍었다. 내 앞에서 젓가락을 들고 기다렸던 엄마. 찰칵 소리와 함께 얼른 먹기 시작했다. 한 입 들어가자마자 세상 가장 행복한 얼굴로 웃었다. 원조라 할 수 있는 안동에서 먹게 되었다니. 이것 또한 우리 가수 영탁 덕분이었다. 그 순간을 놓치고 싶지 않아 한 컷 더 찍었다. 세 번째 챌린지도 기분 좋게 성공했다.

다시 정규앨범 챌린지가 기다리고 있었다. 가수 영탁이 팬들을 향한 첫 노래 '이불'에 이어 첫 정규앨범에 '찬찬히' 노래를 만들었다. '찬찬히 챌린지'였다. 나도 하고 싶었다. 엄마를 꼬셨다. 너무 쉽게 넘어왔다. 엄마도 하고 싶었던 거다. 노래 가사를 큰 글자로 인쇄해서 틈틈이 엄마와 연습했다. 예전에 노래자랑 꽤 나갔던 엄마이기에 가능할 거라 믿었다.

두둥! 드디어 우리끼리 약속한 그 날. 온천에 가서 깨끗이 씻고. 아! 우리 모녀는 중요한 일이 있으면 목욕재계부터 했다. 어여쁘게 화장도 하고, 머리도 다듬고, 파란 티셔츠에 파란 머리띠로 마무리했다. 준비하는데 시간을 많이 보내고 우리는 밤이 되어서야 촬영 시작.

끊임없이 웃는 나와 달리 엄마는 아랑곳하지 않고 침착하게 노래를 이어갔다. 깜깜한 밤에 책방 불 켜고 손잡고 흔들며 노래부르는 우리 모녀. 내가 생각해도 너무 웃겼다. '이처럼 재밌었던 적이 있을까?' 웃음이 터지면 못 멈추는 나 때문에 엔지는 계속되었다. 화가 난 엄마는 정색했다.

"그만 좀 웃고 제대로 해보자."

마음을 진정하고 다시 했다. 마침내 제대로 나왔다. 챌린지 이벤트에 보냈고 우리 모녀도 선정되어 팬분들과 함께 한 영상으로 편집되어 유튜브에 올라갔다. 즐겁고 뜻깊은 챌린지였다.

영탁 덕분에 우리 모녀는 새로운 세상을 경험하고 있었다. 우리 가수 응원하기에서 시작된 마음이 팬클럽 가입, 댄스챌린지, 장거리 운전, 신곡챌린지, 숏폼 영상올리기까지. 하나 둘씩 생겨나는 새로운 것에 모녀는 행복했다. 앞으로 하게 될 경험이 어떤 것일지 벌써부터 설레고 기다려진다.

## 이보다 더 좋을 수 없다. '영탁' 덕분에

⋮

당진모녀, 2박 3일 전라도 여행

우리 모녀에게 행운이 오고 있었다. 타로카드 점술가가 예언했던 그 행운. 갑자기 어떤 계기로 벌떡 일어나 전국 방방곡곡을 다니게 된다던 그 기적같은 일이 일어나고 있었다.

시작은 이랬다. 방송국 방청을 너무나 하고 싶어 보

낸 사연이 채택되었다. 방청이 아닌 프로그램의 주인공이었다. 우리 모녀에게 이런 일이 일어나다니 믿겨지지 않았다. 우선 방송작가에게 감사인사를 하였다.

"너무 감사한데요. 저희는 못 하겠습니다."
"왜요? 영탁님을 가까이서 뵙는 진짜 좋은 기회잖아요."
"저희는 오래오래 영탁님을 응원하고 싶어서요. 죄송합니다."

우리 모녀는 한마음이었다. 방송프로그램에서 우리 모녀로 인해 가수 영탁이 난처한 상황이 될 것 같아 걱정되었다. 상상만 해도 아찔했다. 가수 영탁이 늘 말한 것처럼 언모만[10]하는 날은 앞으로도 올 거라 믿었다. 감사하게도 방송작가는 우리 모녀의 마음을 알

---

[10] 가수 영탁이 팬들에게 자주 하는 말이다. "언젠가 모두 만나게 됩니다."를 간단하게 줄여서 "언모만"이라고 말한다.

아주었다. 일반 방청석 2장과 함께. 방청 당일 자리배정은 제비뽑기였다.

"세상에. 내가 1번을 뽑았어."

칠순을 바라보는 엄마가 방송국 로비에서 뛰었다. 다리 아픈 엄마가 아니었다. 아주 쌩쌩하게 깡총깡총 뛰었다. 뒤이어 나는 똥손임을 입증했다. 1번과는 멀찌감치 떨어진 56번. 그래도 좋았다. '우리 엄마가 1번이라니.' 웃음이 절로 나왔다.

영탁이 무대에 등장하는 순간, 환하게 빛이 났다. '사람한테서 어떻게 빛이 나지?' 헛것을 본 것 같아 내 몸을 꼬집어 보았다. 꿈은 아니었다. 연예인을 스타라고 하는 이유를 알았다. 존재 자체가 빛나는 별이기에. 행복을 넘어 환한 빛에 황홀하였다.

좋은 소식은 이어졌다. 전복홍보대사 영탁이 완도에서 큰 행사를 하게 되었다. "전복 먹으러 갈래" 노래 가사와 딱이었다. "♬서해안 고속도로 타고 완도 앞바다로 나랑 같이 가볼래." 우리 모녀는 이미 완도 앞바다에 가 있었다.

"안동도 가봤는데 까짓거 완도를 못 가겠어? 가자."

완도에 거의 다 왔을 무렵, 한국민화뮤지엄 표지판이 눈에 띄었다. 즉흥적인 우리 모녀 누가 먼저라고 할 것 없이 동시에 외쳤다. "(민화)보고 가자. 또 언제 오겠어?" 샛길로 빠진 결과는 최고였다. '전율이 느껴진다고 해야 하나.' 해설사 스토리텔링과 함께 작품을 보는 내내 타임머신을 타고 시대를 넘나드는 기분이었다. 샛길 덕분에 완도 행사장 저 뒤편에 앉았어도 우리 모녀는 후회하지 않았다. 그만큼 값진 관람이었다.

완도행사장은 영탁 팬들의 파란 물결과 함성으로 가득했다. 가수 영탁이 나오자 여기가 완도인지 꿈속인지 모를 정도였다. 짧고 강렬한 시간을 보내고 완도숙소로 향했다. 다음날 조식시간이 되어서야 사장님 부부와 정식으로 인사를 나누었다.

"모녀분들 여행 다니시는 거 보면 너무 부러워요. 보기 좋아요."
"감사합니다. 영탁님 덕분이죠."
"아! 영탁 팬이세요?"
"그럼요. 우리 영탁이 따라서 완도까지 왔네요."

조식을 마치고 서둘러 우리의 버킷리스트를 가기로 했다. '우리 모녀가 땅끝마을에 오게 될 줄이야.' 도착할 때까지 룰루랄라 흥이 올라 절정을 향해 가고 있었다. 땅끝마을 앞에서 영탁 솜인형을 끌어안고 정신없이 찰칵! 찰칵! 찍다보니 허기졌다. 텐션이 올라갈수록 배고픔은 빨리 찾아오는 법이었다. 눈에 보이는 식당에 고민도 없이 들어갔더니 결과는 실패! 그래도 허기가 반찬이라고 했던가! 그나마 나는 어찌 되었든 식사를 하였다. 입맛 까다로운 우리 엄마는 어떠했나? 한 입 먹고는 바로 숟가락을 내려놓았다.

"그만 좀 먹어라. 나 나간다."

엄마의 단호함에 민망해서 식당을 나왔다. 근처 카페에서 엄마의 허기를 달래줄 달달한 간식을 사 들고 땅끝 전망대로 향했다. 케이블카를 타고 전망대까지 올라가는 동안 엄마의 기분도 시원한 바람과 함께 좋아졌다. 전망대에 오르니 속이 뻥! 뚫렸다. 우리 모녀 뒤로 가족의 대화가 들렸다.

"영탁팬 몰라? 그 유명한 영탁팬을 여기서 보네."

'우리 영탁팬이 여기도 와 있나? 누구지?' 나도 모르게 주변을 돌아보며 찾았다. 거울을 비친 내 모습을 보고 알았다. '아! 우리 모녀를 두고 하는 말이구나.' 너무나 자신있게 쓰고 다닌 '영탁' 글자가 새겨진 파란모자. 가족들과 웃으며 눈맞춤 인사를 하고 갑자기 행동이 조심스러워졌다. '아이고, 뭐 실수한 거 없었겠지.' 우리 행동이 혹여나 영탁 이름에 누가 될까 걱정되었다.

"엄마, 우리 이제 모자 벗고 다니자."
"그랴. 우리 싸우고 돌아다니는데 괜히 흉잡히면 안 되지."

다음 여정은 여수였으나 계획에 없던 곳으로 이동했다. 어제처럼 표지판에 이끌려 미황사로 가고 있었다. 절에 들어서자 맑고 시원한 공기와 아늑한 분위기가 느껴졌다. 여행으로 설레고 긴장했던 마음이 풀리는 기분이었다. 대웅전에 가서 절을 하고 나오는데 알록달록 미니소원등이 보였다. 땅끝 절 미니 소원등이라 왠지 더 특별할 것만 같았다. 우리 가족 건강과 함께 가수 영탁을 위한 만사형통을 빌고 내려왔다. 절 찻집에 들러 오랜만에 엄마와 편안한 담소를 나누었다. 언젠가 다시 또 오고 싶다는 이야기도 함께.

여수에서는 계획한 대로 알차게 이동했다. 아르떼뮤지엄을 걸쳐 여수돌게장 골목에서 맛난 저녁을 먹고 숙소로 출발. 여수를 몇 번 왔어도 숙박을 해본 적은 없던 터라 심사숙고했다. 우리 모녀가 좋아하는 해수사우나도 할 수 있는 곳으로 정했다. 여독을 풀기에 사우나만큼 좋은 것이 없기에.

다음 날 아침, 해수사우나로 가보니 아무도 없었다. '와우! 아싸라비야. 엄마랑 단둘이 맘 편하게!' 사실 코로나시기라 사우나 이용을 조심했기에 살짝 걱정도 있었는데 다행이었다. 노천욕도 잘되어 있고 시설도 깨끗하고 다 좋았다. 우리 모녀가 나올 때 즈음 다른 모녀가 들어왔다. 바톤을 이어받은 것처럼. 반가운 마음에 우리 엄마가 인사를 건넸다.

"마침 잘 오셨네요. 마음 편히 하세요."

나의 오지랖은 우리 엄마한테서 온 것이 분명하다. 아침을 개운하게 시작하니 산뜻하게 다음 여정으로 출발했다.

"이제 작약꽃밭으로 갈 거야. 지금 엄청 예쁘대."
"무조건 좋지. 꽃밭. 출발!"

작약꽃밭은 대성공이었다. 푸르른 바다 앞에 흐드러지게 핀 작약꽃밭이 넓게 펼쳐져 있었다. 장관이었다. 그 붉고 선명한 아름다움. 나는 셀카봉을, 엄마는 한 손에 영탁 솜인형과 다른 손에 영탁 우양산을 펼쳐 들었다. 너무 좋아서 흥분한 나와 달리 셀카봉은 먹통이 되어 사진 한 장도 못 찍고 있었다. 성격 급한 엄마는 화가 나기 시작했고 급기야 소리를 질렀다.

"빨리 찍으라고. 빨리."

내가 안쓰러웠는지 옆에 있던 사진작가가 다가와 말을 건넸다.

"찍어줄까요?"

너무나 감사했다. 핸드폰을 건네드렸더니 엄마도 언제 그랬냐는 듯 재빠르게 다가와 웃으며 포즈를 취했다. 핸드폰 사진촬영인데도 사진작가는 멋지게 셔터를 누르듯 찰칵! 찍어주었다.

2박 3일의 여정이 끝났다. 왜 이리 짧게 느껴지는지 아쉬움이 밀려왔다. 집으로 가는 길, 엄마는 차에 타자마자 피곤했는지 드르렁 코를 고느라 몰랐다. 내가 전주한옥마을로 방향을 바꾼 것을. 지인들과 한옥마을을 온 적이 있었다. 언젠가 엄마랑 같이 와서 한복도 입고 사진도 찍고 싶다고 생각했었다. 그날이 온 것이다.

 한옥마을에 도착하니 엄마가 잠에서 깼다. 한옥마을 거리로 길게 간식가게들이 늘어서 있었고 중간중간 사주보는 곳도 생겨났다. 내가 제일 가고 싶었던 한복대여점과 사진관도 눈에 확 들어왔다. 마음에 드는 사진관에 들어가 한복을 고르고 머리 손질도 했다. 기분이 묘하게 좋았다. 생각해보니 내가 진작에 결혼했으면 엄마랑 해봤을 경험이었다. 사진작가 앞에 서서 포즈를 취했다. "두 분 서로 마주 바라볼게요." 사진작가의 말에 나를 바라보던 엄마가 울었다. 엄마를 바라보던 나도 참고 있던 눈물이 나왔다.

"엄마 우는 거야? 왜 울어? 나도 눈물나잖아."

카메라 셔터를 누르던 사진작가도 당황해서 잠깐 쉬기로 했다. '우리 모녀는 왜 눈물이 나왔을까?' 같이 살고 있지만 오랜만에 서로만 바라보니 지나온 과거 생각에 울컥했던 것 같다. 서로가 너무 안쓰러워서.

"누가 보면 우리 사연 많은 모녀인 줄 알겠다. 웃자!"

먼저 웃으며 분위기를 바꾼 건 엄마였다. 역시 엄마는 엄마였다. 엄마의 말 한마디에 나도 크게 소리내어 웃으며 마음을 진정시켰다. 그 어느 때보다도 활짝 미소지으며 아름다운 모녀 인생샷이 나왔다. 우리 모녀에게 이렇게 좋은 시간이 오다니 기가 막히게 행복한 시간을 보내고 있었다.

엄마는 어떤 계기로 벌떡 일어나 건강하게 여행을 다니게 되었다. 바로 가수 '영탁'덕분이었다.

"우리 모녀에게 존재만으로도 행운 그 자체 '영탁'님, 늘 고맙고 사랑합니다."

## 모든 순간에 '영탁', 자동차가 견인될 때도

당진모녀, 2박 3일 경상도 여행

나는 꿈을 잘 꾼다. 행복할 때와 힘들 때마다 꾸는 꿈이 있다. 타임머신을 탄 듯 꿈속에서 가장 행복했던 시간으로 간다. 아무런 상처도 받지 않았던 해맑은 네다섯 살로 돌아간다. 골목 여기저기를 누비며 친구, 오빠들과 뛰놀았다. 골목 끝까지 마음껏 뛰고, 공차고, '두두두두두' 전쟁놀이를 하고, 소꿉놀이를 하고. 유원지 잔디밭에 엄마와 남동생이랑 같이 엎드려 깔

깔깔 웃었던 곳.

마산[11]. 마산에서 3년간의 기억은 내 머릿속에 깊게 한 부분을 자리하고 있다. 언젠가 꼭 가고 싶은 여행지로 정해놓고도 못 갔다. 워낙에 먼 거리라서 엄두도 못 내고 있었다. 마침 가수 영탁이 서울, 대전에 이어 창원에서 단독콘서트를 하게 되었다.

"엄마, 우리 창원콘을 꼭 가야겠어. 마산 동네도 가 보고"

여유있게 창원 '동부마을'로 향했다. 드라마 '이상한 변호사 우영우'[12]에서 주인공 모녀가 바람을 만끽했던 팽나무가 있는 곳. 언제나 그랬듯 우리 모녀는 영탁 이름이 새겨진 점퍼에 모자를 쓰고 갔다. 팽나무

---
[11] 예전에는 경남 마산이었으나 2010년 7월 1일 마산시·창원시·진해시를 통합하여 창원시가 출범하였다. 경상남도 창원시 마산합포구를 말한다.
[12] 2022년 6월부터 8월까지 16부작으로 ENA에서 방영된 이상한 변호사 우영우 드라마를 말한다.

에 다다르자 우리 모녀에게 관광객들이 한 마디씩 건넸다.

"영탁팬이 왜 지금 여기 있어요?"
"영탁 콘서트 시작했을 텐데요. 여기 있으면 어떡해요?"
"아! 네. 감사해요. 저희는 콘서트 내일 가요."

500년 이상 살아온 팽나무에서 좋은 기운이 뿜어져 나왔다. 소원도 빌고 좋은 기운을 가득 담고 왔다. '오길 정말 잘했다.' 마산에서 좋은 일이 일어날 것 같은 예감이 들었다. 저녁은 아구찜골목에서 해결하고 숙소에 들어가 나란히 누워 팩을 하고 쉬었다.

35년이 지나서야 본격적인 추억여행을 시작했다. 돝섬 유원지에 도착해서야 알게 되었다. 우리 모녀 눈에 들어온 '황금돼지 조각상'. '돝'은 황금 돼지로 '돝섬'은 황금 돼지섬이었다. '우리 영탁님도 돼지띠, 내가 행복했던 장소도 돼지섬!' 너무 좋았다. 얼른 가방에서 영탁 솜인형을 꺼내어 황금돼지조각상에 올려놓고 기념사진을 찍었다.

꿈속에서도 그리웠던 넓은 잔디밭은 생각보다 넓지 않았다. 세월이 흘러 유원지의 모습도 예전과 달라졌다. 어쩔 수 없지만 그래도 잔디밭이 남아 있어서 감사했다. 거침없이 잔디밭에 뛰어들어가 엎드려 누웠다. 꼭 다시 해보고 싶었다. 어릴 적 잔디밭에서 뒹굴었던 것처럼. 어느새 엄마도 내 옆에 엎드려 누웠다.

"엄마, 내가 위로 올라갈까? 옛날처럼."
"됐거든. 큰일난다. 나 허리 부러진다고."

엄마 등위로 올라탔던 어린 내가 이제는 나란히 엎드렸다. 아쉽지만 어쩔 수 없는 일.

돝섬을 나와 계획에도 없던 거제. 내비게이션을 찍어보니 57km 거리로 1시간도 안 걸린다고 나왔다.

"엄마가 가고 싶었던 '매미성'이 한 시간도 안 걸린대. 갈까?"

"나 진짜 가고 싶었어. 네가 선영이랑 갔던 데 맞지?"

맞다. 내 친구 선영이랑 먼저 다녀왔다. 너무 좋아서 엄마에게 자랑만 했던 곳이다. 왕복으로 2시간이니까 콘서트 입장 전에 시간은 충분했다. 호기롭게 출발. 창원을 벗어나 진해를 지났다. 그런데 이게 무슨 일인가? 갑자기 부산이 왜 여기서 나와? 하는 순간 높은 대교를 건너가고 있었다. 대교를 건널 때부터 차가 '부르릉 부릉' 소리를 내더니 진동이 느껴졌다. 차가 더 못가겠다는 듯 차 전체가 흔들렸다.

"엄마, 차가 이상해. 멈출 것 같아."

대교를 간신히 통과했더니 도로공사 건물이 보였다. 떨리는 양손으로 핸들을 부여잡고 주차를 했다. 차에서 내리자마자 다리까지 떨렸다. 이렇게 무서웠던 적은 없었던 것 같다. 사무실 직원들에게 상황을 알리며 양해를 구했다.

"어디 다친 데는 없는 거죠? 많이 놀랐겠네요. 괜찮으니 어서 보험에 연락해요."
"잘 들어왔어요. 터널로 더 갔으면 큰일 날뻔했어요."

1시간이 다 되도록 견인차는 오지 않았다. 직원이 우리 차 쪽으로 왔다.

"아니, 왜 안 온대요? 오고도 남을 시간인데."

같이 걱정해주고 기다려주었다. 든든하고 감사했

다. 견인차는 1시간 반이 지나서야 왔다. 견인차 기사는 늦어서 미안하다며 신속하게 내 차와 연결했다. 같이 기다려준 직원에게 인사를 드리고 견인차에 올라탔다. 일요일이라 서비스센터가 쉬지만, 센터 안에 차를 가져다 놓을 수 있단다. '휴' 안도의 한숨이 나왔다. 그것도 잠시 또 걱정이 생겼다.

"엄마, 내일 병원가는 날인데. 어쩌지? 큰일났다."
"너는 왜 거기는 가자고 해서. 부산까지 오고. 차는? 병원은?"
"저. 저기요. 병원처방 때문에 그러신 거라면 진료과에 전화로 처방만 받아도 될 거에요."

우리 모녀의 신경전에 묵묵히 운전하던 기사가 입을 뗐다. 괜찮을 거라고 다 방법이 있다고. 기사는 창원서비스센터 직원에게 우리 모녀 사연을 전해주고는 긴급으로 처리할 수 있는지 메모까지 남겨주고 갔다.

정말 친절하고 세심한 배려를 느꼈다.

"쏘울[13], 진짜 많이 미안해. 잘자. 내일 아침에 올게."

우리 모녀는 정신차리고 서둘러 콘서트장으로 출발했다. 그 와중에도 체력이 중요했기에 낙지덮밥을 든든하게 먹고 입장했다. 관람석에 앉아도 콘서트장에 온 것이 꿈만 같았다. 가수 영탁이 무대 위에 등장하고 나서야 실감이 났다. 신나게 응원봉을 흔들고 뛰고 떼창도 했다.

콘서트가 끝나고 다시 우리의 현실을 직면했다. 근심을 떨칠 수 없었다. 가장 먼저 청심원을 사고 어제 묵었던 숙소로 향했다.

---

[13] 내 차종(기아에서 2009년 10월에 나온 2010년식 쏘울)을 말한다. 내가 차에게 말하고 싶을 때 차종으로 부른다.

"엄마, 괜찮아! 잘 될 거야! 우리가 안 다쳤으니까."

서로 마음을 진정하고 잠을 청했다. 청심환을 먹어도 놀라고 걱정된 마음에 잠을 설쳤다. 날이 밝자마자 센터로 달려갔다. 우리 모녀는 차를 발견하고 매달려 울기 시작했다.

"쏘울, 어떡해. 미안해. 흑흑흑"
"우리 집에 가야지. 집에 가자. 흑흑흑. 고치고 가자."

영탁 이름이 새겨진 점퍼에 모자를 쓴 우리 모녀가 흐느껴 울었다. 서비스센터 직원들이 하나, 둘, 셋 여기저기서 수리하다 말고 나왔다. 웅성웅성 소리도 들렸다. 한 직원이 조심스럽게 다가왔다.

"저기요. 진정하시고요. 어디서 오셨어요?"
"저희는 충남 당진에서 왔고요. 콘서트 왔다가 차가

고장이 나서요."

"영탁팬인가 봐요? 저희가 잘 봐 드릴게요. 걱정하지 마시고 대기실에서 편히 계세요."

"우리 차 집에 갈 수 있겠지요?"

우리 모녀는 두려웠다. 우리 차가 마산에서 집도 못 가고 폐차될 것 같았다. 차가 '덜덜덜'떠는 것을 처음 느껴봤으니까. 주행한 지 10년이 넘었고 장거리로 많이 다녔기에 수리로도 안 될 것 같았다.

2시간이 지났다. 다행히도 다 닳은 소모품이 문제였고 교체해서 잘 해결되었다.

"얼마 전에 땅끝을 다녀왔는데요. 이제 땅끝은 못 가겠지요?"

"충분히 갈 수 있어요. 관리만 잘해주면 5-6년은 괜찮습니다."

특별히 다른 데도 꼼꼼히 살펴봤는데 이상이 없어서 괜찮다고 했다. 괜찮다는 말을 듣고 나서야 마음이 진정되었다. 기나긴 어두운 터널을 지나 밖으로 나온 기분이었다.

"쏘울, 장하다. 다행이야. 우리 집에 가자."

차를 도닥도닥 쓰다듬어주고 출발했다. 긴장했다가 풀려서인지 갑자기 배고팠다. 보양식 맛집으로 검색해서 간 삼계탕 전문점. 결론부터 말하자면 최고의 맛집이었다. 게다가 이렇게 기가 막힌 우연이 있을 수가. 내가 태어난 1982년에 문을 연 식당이었다. 든든하고 맛도 좋고 후식도 시원하고. 세심하게 챙겨주는 직원도 감동이었다.

내가 가장 행복했던 마산 추억여행. 우리 모녀가 사랑하는 가수 영탁을 볼 수 있어서 좋았고, 가는 곳마다 마음 써주는 분들이 계셨기에 위로가 되고 감사했다.

우리 모녀의 여행은 언제나 예측불허. 집으로 가는 길에 감사한 마음으로 김천 '직지사'로 향했다. 직지사는 천년의 역사와 아름다운 자연이 있는 산 좋고, 물 좋고, 공기 좋은 곳이었다. 물론 어느 절이든 자연을 끼고 있다면 그렇겠지만. 2박 3일 안전하게 보낸 것에 대한 감사, 집까지 무사히 갈 수 있길 바라는 기도를 담아 절을 했다. 대웅전에서 나오는 길에 목각판에 새겨진 글이 인상적이었다.

"사람이 사람에게 줄 수 있는 최고의 선물은
변함없는 심(마음)입니다."

영탁을 향한 우리 모녀의 마음을 딱! 표현한 글이었다. 우리 모녀가 영탁에게 언제나 변함없이 줄 수 있는 선물은 응원하고 사랑하는 마음이기에. 마산에서도 모든 순간 '영탁'이었다. 차가 견인되어 센터에 맡겨지는 순간에도.

## 사랑요? 이제는 대놓고 표현합니다

당진모녀, 3박 4일 제주도 여행

일요일이 되면 언제나 흘러나오던 목소리. "전국 노래 자랑 빰빰빠빰빰" 우리 할머니 모두 좋아했던 방송이기에 온 가족이 즐겨보았다. '우리도 언젠가 방청이라도 하면 좋겠다!' 마음을 품고 살았다.

7년 만에 제주에서 열리는 전국노래자랑. 초대가수 '영탁'이라는 소식을 접했다. 눈이 번쩍! 귀가 쫑긋!

흥분되었다. 한치의 망설일 이유가 없었다. 서둘러 항공편을 알아보고 숙소 예약도 하고 이참에 3박 4일 여행코스로 계획했다.

첫날에 밤 비행기로 도착해서 다음 날은 전국노래자랑 녹화방청 장소로 향했다. 이른 아침인데도 녹화장소에는 방청객들이 줄지어 서 있었다. 근처에서 아침을 든든히 먹겠다던 우리 모녀 계획에 차질이 생겼다. 어느새 줄에 합류하여 섰다. 조금이라도 가까이 앉고 싶은 욕심에. 방송관계자들의 안내에 따라 입장하여 자리에 앉고서야 '휴' 안도의 한숨이 나왔다.

참여자들의 리허설에 어깨춤을 들썩이다 보니 본 방송녹화가 시작되었다. 두근두근! 진행자의 인사가 너무나 반갑고 좋았다. 드디어 우리가 기다리고 보고 싶은 님, '영탁'이 등장하였다. 무대가 환해지고 내 얼굴도 웃음꽃이 활짝. 우리 모녀가 좋아하는 제주에서 바닷바람, 햇살 모든 것이 좋았던 모슬포항. 꿈같은 환상 그 자체였다.

 방청하는 시간이 길다 보니 자연스레 옆자리에 앉았던 어르신과 말씀을 나누었다. 제주에서 30년 넘게 세탁소를 혼자 운영하느라 멀리 나가보지도 못하셨단다. 모슬포항도 가수 영탁을 너무 보고 싶은 마음에 혼자 처음으로 버스를 갈아타고 어렵게 찾아오셨다고. '방청 끝나면 곧 어두워질 텐데, 어쩌지.' 내 오지랖 넓은 것이 발동했다.

"어르신, 제가 댁까지 모셔다 드려도 될까요?"
"아이고, 무슨 소리. 괜찮아요."
"제가 (제주)운전은 서툴지만 천천히 내비가 알려주는 대로 가볼게요."

 엄마에게 물어보지도 않고 나 혼자 결정했다. 순간

엄마 표정을 보니 좋지 않았다. 이미 나는 어르신께 말씀드렸고 우린 함께 세탁소로 향했다. 차 안은 정적이 흘렀다. 배고픈 엄마와 고맙고 미안한 마음에 어찌할 줄 모르는 어르신, 그리고 내비게이션에 초집중하느라 말수가 적어진 나. 어르신이 정적을 깼다.

"미안해서 어떡해요? 나야 고맙지만."

사실 내가 어르신을 선뜻 모시고 가겠다 한 이유가 있었다. 내가 어릴 적이었다. 엄마가 할머니를 급히 병원에 모셔다 놓고 잠깐 집에 가서 필요한 물품을 가져오기로 했다. 엄마는 집 근처에 잘 내렸음에도 정신적으로 힘들었는지 5시간을 헤맸다. 오랫동안 살던 익숙한 동네에서.

"어르신, 남의 일 같지 않아서 그래요. 우리 엄마도 여러 번 길을 헤맨 적이 있어서요."

혹여나 내가 엄마와 늘 함께하지 못하는 상황이 생길 수 있다. 그런 상황이 안 생기길 바라지만. 엄마가 혼자 당황해서 길을 헤매고 있을 때 누구라도 나타나서 손잡아주길 바라는 마음에. 초행길 서툰 운전자이지만 천천히 안전운전하면 된다고 생각했다.

도착하자마자 어르신은 너무 고맙다며 귤 한 봉지와 용돈까지 주었다. 건네드리자 안 받으면 마음이 불편하다며 맛있는 거 꼭 사 먹으라고 하였다. 어르신의 마음을 거절하는 것이 도리어 예의가 아닌 것 같아 다시 받고 인사를 나눴다. 여기까지 좋았다.

엄마의 표정이 심상치 않았다. 배고픔과 인내심이 절정을 넘어섰다. 이 순간 가장 필요한 것은 속도와 순발력이다.

"엄마, 이제 조금 속도를 더 내서 빨리 가볼게."
"됐다. 빨리 가봤자. 식당 문도 다 닫았겠지. 숙소나

가자."

 숙소에 도착해서 캐리어를 열고 컵라면을 꺼냈다. 엄청 빠른 속도로. 나도 많이 배고팠으니까. 역시 컵라면과 햇반을 비상으로 챙겨오길 정말 잘했다. 허기짐을 달랠 정도로 먹고 나니 살 것 같았다. 제주 영탁 팬분들이 챙겨준 오메기떡과 귤, 달달한 믹스커피까지 마무리하니 속이 든든해졌다.

 다음 날 아침, 제주 두 번째 목적지. '김녕'. 평소 사우나를 좋아하는 우리 모녀. 제일 먼저 김녕용암해수사우나에서 긴장과 피로를 풀었다. 나왔더니 바로 앞에 갈치조림 식당이 보였다. 식당이름이 마음에 쏙 들었다. '편안한 맛집'. 결과는 갈치조림 별 다섯 개. 이모 집에 놀러 온 것처럼 편안한 분위기에 맛있었다.

 여기서 잠깐! 우리가 '김녕'에 오고 싶었던 이유를

말하자면 노래 덕분이었다. 가수 영탁의 첫 정규앨범 MMM에 수록된 '안녕, 김녕' 노래가 우리를 이끌었다. '빨리 여기로 와. 여기 오면 네 마음도 다독여줄게.' 영탁님이 힘들었을 때 찾아왔던 '김녕'이었다.

김녕해수욕장에는 '신사답게' 랩핑버스가 딱! 있었다. 버스 스피커로 영탁의 "안녕, 김녕" 노래가 울려 퍼지고 있었다. 말로 표현할 수 없을 정도로 좋았다. 버스 앞에서 여러 포즈를 취하며 찍었다. 우리 모녀를 지켜보고 있는 이가 있었다. 손짓하는 곳을 가보니 차 안에서 어르신이 나오지도 못하고 앉아계셨다.

"어디 불편하신 데라도 있으셔요?"

질문에 어르신은 기다렸다는 듯 말씀하셨다. 제주에 살고 있어서 영탁이가 너무 보고 싶어도 콘서트 한 번 못 가보셨다고. 전국노래자랑에 온다는 것을 늦게서야 알고 갔더니 방청석은 꽉 찼고 출퇴근길에 영탁이를 보고 오셨단다. 집 앞에서 '신사답게'버스를 보고 너무 좋아서 차키만 챙겨 바짝 쫓아왔다고.

"(제가) 버스 앞에서 이쁘게 사진 찍어드릴까요?"
"맞아요. 그 얘기 하고 싶었어요. 사진 너무 찍고 싶었어요."

어르신의 간절함이 느껴졌다. 내 휴대폰으로 찍고 어르신의 번호로 바로 보내드렸다. "방법이 있었네요." 하면서 좋아했다. 혼자 차 안에 앉아서 어찌할지 고민하셨단다. 그 마음 너무나도 잘 알기에.

제주에 와서 영탁을 찐으로 응원하는 두 어르신을 만나 뵈었다. "너는 엄마를 안보고 다른 사람들만 보더라. 하여튼 오지랖은." 하며 핀잔을 주는 엄마도 말만 그렇지 좋아했다. "잘했어. 집에 가면 주소 물어봐서 영탁이 이쁜 것 좀 보내주자."하며 더 신났다.

 어르신을 뒤로하고 이제 김녕 바다에 푹 빠져 즐겼다. 어디가 하늘이고 어디가 바다인지 모를 정도로 바다는 맑고 아름다웠다. 부츠를 냅다 벗어 던지고 맨발로 다녔다. 세상에나! 이렇게나 모래가 부드럽다니. 우리 모녀가 좋아하는 '영탁'. 영탁이 좋아하는 곳, '김녕'이 너무 좋으니 '영탁'이 더 좋아졌다. 그 마음을 표현하고 싶었다. 김녕해수욕장에서.
 "엄마, 나 외치고 싶어. 사랑한다고."
 "그래, 마음껏 외쳐라."
 챙겨온 '박영탁 사랑해' 슬로건을 들고 큰소리로 외쳤다.

"박영탁 사랑해"

 사랑 고백에 대답은 없었다. 단지 지나가던 사람들

만 있었을 뿐.

"영탁이가 박씨였어?"

"박영탁이었구만. 찐찐찐찐 찐이야 부른 가수."

나는 살아오면서 호감가는 사람이 생겨도 말 한마디도 하지 못했다. 상사병에 걸려 약 처방을 받을지언정. 내 자신이 부족하고 초라해서. 내가 처한 상황이 누군가를 좋아하면 안 된다고 생각했다. 가수 영탁을 좋아하면서 용기가 생겼다. 부족했던 내가 갑자기 당당해진 것은 아니다. 생각이 바뀌었다. 누군가를 좋아하는 것에 자격이 따로 있지 않다는 것을. 그냥 좋아하면 좋아하는 대로 표현하고 살아도 된다고.

10년 만에 제주에 온 엄마가 가장 하고 싶었던 것이 남았다. 말타기와 귤 따기. 우리 모녀가 제주에 오면 가장 좋아하던 체험이었다. 10년 전을 떠올리며 승마장으로 먼저 향했다. 나란히 말에 올라타니 행복한 미소가 절로 나왔다.

 "엄마, 우리가 10년 만에 (말 타러)왔는데. 이젠 자주 오자."
 "그래. 난 무조건 좋아."

 조만간에 또 오기로 약속하고 무거운 발걸음을 옮겼다. 3박 4일 동안 빠듯하게 이동하는 것이 아쉽지만 어쩔 수 없었다. 하고 싶은 게 많았으니까. 관음사로 향했다. 창원 '동부마을'의 팽나무처럼, 관음사도 '우영우' 드라마 촬영지였다. 모르고 갔는데 반가웠다. 한편으로는 제주 4.3의 아픈 역사가 있는 절이라서 마음이 숙연해졌다.
 제주여행의 마지막 목적지, 귤 따기 체험농장. 하마터면 배고픔에 놓칠 뻔한 일정이었다. 먼저 귤을 바구니 가득 채웠다. 그다음 신속하게 영탁 솜인형을 들고 이리저리 사진을 찍었다.

"팬이에요? 누구 팬이에요?"

우리 모녀가 인기척에 놀라자 주인은 "같이 사진 찍고 싶어서요. 제가 티비로만 봤지. 팬을 처음 봐서요." 하였다. 바로 수락했더니 뒤이어 부탁이 이어졌다.

"저희 (농장)가게에 사진 붙여도 될까요?"
"네? 사진을 붙인다고요? 우리가 연예인도 아니고 그냥 모녀팬인데요. 호호호"
"누군가의 팬이 되어 응원하는 모습이 너무 좋아 보여서요."

쑥스럽지만 붙여도 좋다고 했다. 그러자 주인이 진심을 담아 인사를 건넸다.

"영탁팬 응원합니다. 건강하시고 앞으로도 즐겁게 응원하고 다니셔요."

10년 만에 엄마랑 함께 온 제주 3박 4일. 날씨도 좋고, 별 탈 없이 잘 자고, 잘 먹고 보낸 모든 것이 감사했다. 무엇보다도 제주에 계신 영탁 팬 '영블스' 어르신 두 분과의 인연은 잊지 못한다. 귤 농장 주인의 진심이 담긴 응원까지. 우리 모녀가 관광객이 아니라 현지인들과 소통하고 공감하며 얻은 기쁨이 컸다.

  행복했던 제주여행이었기에 우리 모녀는 제주공항에서 모녀커플 가방을 구입했다. 행복했던 여행을 오래오래 기억하려고.

  덧글. 집에 오자마자 제주 어르신께 가수 영탁 굿즈를 2박스 보내드렸다. 고맙다며 어르신은 맛좋은 한라봉을 보내셨다. 제주에서 우연히 만난 인연이 서로에게 '감사'였다. 한편, 3년 뒤 우리 모녀는 제주에서의 행복을 떠올리며 전국노래자랑 서울(광진구)편 녹화방청을 했다.

유쾌한 모녀여행

5장

가족과 함께 즐기다

못합니다, 기분 좋을 때 그냥 서 있기
모녀여행 업그레이드는 뭐다?

## 못합니다, 기분 좋을 때 그냥 서 있기

파자마시스터즈와 1박2일 즐기기

 우리 가족이 힘들었을 때 손 내밀어주던 이모와 삼촌들. 나는 감사함을 잊지 않고 살아왔다.

 평일에는 학교 다니고 주말에는 식당에서 아르바이트로 일하며 교통비와 식비를 마련했다. 대학등록금까지 마련하기에는 턱없이 부족했다. '한 학기 휴학이라도 해야 하는 건가!' 할머니 말씀대로 '우리 집 형편에 대학은 욕심인 건가!' 걱정과 고민으로 괴로웠다. 엄마는 동아줄 붙잡는 심정으로 이모부께 처음으로 부탁드렸다. "그랴. 지금 보낼게." 통화 끝나자마자 들어온 등록금. 우리 모녀는 통장을 들고 울었다. 그렇게 고비를 넘겼다. 간절해서였을까? 적성이 맞아서였을까? 다음 학기부터는 장학금으로 휴학없이 무사히 졸업했다.

윷놀이로 쌀 한 가마니를 타서 집 앞에 두고 간 큰삼촌, 갈 곳 없던 우리를 선뜻 받아준 큰이모, 옷이며 신발이며 생활용품 사기도 버거울 때 "네가 입으면 좋겠더라." 하며 넌지시 건네주던 막내 이모, 월급을 탈 때마다 잊지 않고 치킨 한 마리를 꼭 손에 들고 온 막냇삼촌. 우리 이모와 삼촌들이 계셨기에 그 시간을 버틸 수 있었다.

나는 결심했다. 성인이 되어 첫 월급을 타면 부모에

게 한다는 '그것'을 하고 싶었다. 이모와 삼촌들. 그리고 고모[14]에게도 해드리고 싶었다. "덕분에 저 이만큼 잘 컸어요." 감사함을 담아.

"고맙다. 선예야. 다 컸네. 다 컸어."
"내복 잘 입을게. 기특하다."
"첫 월급을 이렇게 다 쓰면 어떡하려고 그러니?"

빨간 내복을 받은 이모, 삼촌, 고모는 '기쁨 반! 걱정 반!'이었다. 난 그래도 좋았다. 뭐라도 드릴 수 있어서. '언제 해보겠나!' 싶었다.

이십 대였던 나는 마흔이 되었다. 모녀여행을 다니면서 또 하고 싶은 것이 생겼다.

---

[14] 언제나 만날 때면 "필요한 데 써."라고 용돈을 아끼지 않았던 고모에게도 감사를 표한다. 이 장에서는 우리 엄마의 육남매이야기를 중심으로 하느라 미처 고모이야기를 담지 못했다.

"엄마, 내가 좋은 데 알아봤으니까 날 좀 잡아봐. 빨리 예약하게"

"뭐라고? 가시내가 또 뭔 일을 저지르려고."

말은 그렇게 해도 너무 좋았는지 엄마는 웃고 있었다. 여행준비부터 들뜨는 마음은 모녀 여행 때보다 더 강렬했다. 시작은 커플 옷 사기, 천을 끊어서 파자마도 만들었다. '드르륵 드르륵' 미싱 작동소리로 즐거움이 가득했다.

여행 당일, 예약해 놓은 팬션에 이모와 삼촌들이 모였다. 숙소 여러 곳에 흩어져서 파자마와 커플 티셔츠로 갈아입기 바빴다.

"왜 나만 남색이냐고? 왜? 왜?"

"네가 여자냐? 남자지?"

"나도 이쁜 빨강 입고 싶다고. 담부턴 나도 똑같은 걸로 해줘. 응?"

막냇삼촌의 투정 덕분에 모두 한바탕 크게 웃었다. 밖으로 나가 파자마 기념사진 찍을 차례.

"아니, 이모 가만히 좀 서 있어봐요. (사진이) 흔들려요."
"엄마, 좀! 가만히 서보라고."
"너무 좋은데 어떻게 가만히 서 있냐?"

연세 지긋한 분들이 포즈를 취하다 말고 신나게 춤추고 있었다. 개구쟁이 아이들을 데리고 온 엄마 심정이었다. '우리 이모들과 삼촌이 이렇게 귀여웠나?' 혼자 피식 웃음이 나왔다. 역시 우리 엄마와 이모, 삼촌은 한 핏줄이었다. 끼와 흥으로 똘똘 뭉친 남매.

뭐니 뭐니해도 풀빌라의 하이라이트는 바비큐 파티와 물놀이. 바비큐 파티는 이모들과 삼촌이 아주 적극적이었으나 물놀이는 소극적이었다. 막내 이모와 우리 모녀만 즐거웠다. 튜브도 타고 물싸움도 하고. 까르르 까르르 웃느라 시간이 절로 갔다. 막내 이모의 신난 모습을 영상으로 찍어 사촌에게 보냈다.

"우리 엄마, 진짜 신났네. 꽃만 좋아하는 줄 알고 꽃구경만 시켜드렸는데 이젠 물놀이로 가야겠구만. 우리 엄마 이렇게 웃는 거 처음 본다. 고마워."

날이 저물자 이불을 깔고 화투를 치기 시작했다. 우리 엄마는 공주님처럼 주무셨고 나는 여기저기 다니며 청소하고 정리했다.

"아니, 저 가시내는 어쩜 손하나 까딱안하다니. 무슨 복으로 저런 딸을 낳았대?"
"쟤는 술도 안 마시고 뭔 정리를 하고 다닌댜?"
"선예야, 쉬어라, 쉬어!"
"이모, 저 좋아서 하는 거예요. (화투) 재밌게 치셔요."

잠자리를 준비하는 이모들과 삼촌에게 마스크팩을 붙여드렸다. 발뒤꿈치가 유난히 갈라진 이모 발을 보았다. 혹시나싶어 챙겨간 팩을 꺼냈다.

"아이고. 이모, 가만있어봐요. 이거 붙이고 자면 한결 부드러워져요."
"아니. 내 발을 왜 만진댜? 우리 딸도 안 만지는 발을!"
"언제 이모 발을 만져보겠어요? 제가. 지금이니까 만져보죠!"
"참! 별나다. 별나."

말이라도 시키면 얼굴 붉히고 엄마 뒤로 숨었던 나였다. 그런 내가 너무나 달라진 모습으로 어른이 되었다. 이제 이모들과 삼촌 곁에서 든든한 조카가 되고 싶었다. 처음으로 모시고 간 여행에서 가장 행복했던 이는 '우리 엄마'였다.

"너무 좋았어. 잘했다. 언제 우리가 같이 가보겠냐? 놀 수 있을 때 잘 갔다 왔어."

이 여행을 시작으로 계속되길 바랐으나 마음처럼 쉽지 않았다. 조만간 같이 비행기도 타고 싶다는 이모 말씀에 내 버킷리스트도 추가되었다. 덧붙이는 말씀이 더 특별하다.

"선예는 무조건 같이 가는 거야. 알았지?"

어느새 나는 이모들에게 어린 조카가 아닌 파자마 시스터즈 막냇동생이 되었다. 우리 엄마와 이모들이 건강한 모습으로 오래오래 내 곁에 있기를 간절히 바라본다. 같이 하고 싶고 보여주고 싶은 게 많으니까.

## 모녀여행 업그레이드는 뭐다?

베트남여행! 아빠도 함께 갑니다

쿵짝이 맞아 둘이 친구처럼 여행 다니는 우리 모녀. 우리 둘이 즐거울수록 소외되는 이가 있었다. 한집에 사는 우리 아빠.

"나는 뭐 혼자였지. 혼자. 너희 모녀는 못 말려."

우리 모녀 여행이야기에 맞장구쳐주던 아빠가 서운

함을 드러내기 시작했다. 눈치빠른 나는 칠순여행을 준비하였다.

"아빠, 요새 칠순은 가족여행이래. 어디로 가고 싶어?"
"나는 베트남 진짜 가고 싶다."

한 치의 망설임 없이 대답하는 우리 아빠였다. 어느 누가 충청도 사람이 겉과 속이 다르다고 했나? 우리 부모님은 두 분 다 충청도 태생으로 솔직함이 으뜸이었다. 자식으로서 이 점이 너무 좋다. 싫으면 싫다고 좋으면 좋다고 얼마나 좋은가!

무역업을 했던 우리 아빠. 젊고 건강했던 30-40대에는 세계 곳곳을 다니며 국내 인쇄기계를 수출하였다. 한 달에 1-2주는 비행기타고 외국에 다녔다. 무역업으로 대통령 표창도 받고, 항공사에서는 VIP회원으로 특별대우도 받았단다. 그래도 못 가본 나라가 많다고 해서 놀라웠다. 가본 나라들도 사실 일로 간 거라 딱히 즐기지도 못했지만 말이다. 내가 아빠에 대해 많이 오해한 부분이었다. 아빠는 젊었을 때 혼자 실컷 여행 다녔을 거라고.

베트남은 내가 좋아해서 많이 가본 나라였다. 북부를 시작으로 중부와 남부까지 지인들과 다녀왔다. 부모님 모시고 가기 딱! 좋은 곳은 바로 북부. 수도 '하노이'와 '하롱베이' 크루즈 투어는 효도 관광상품으로 추천되는 곳이다.

안전하고 실속있게 패키지상품(노옵션)으로 알아봤다. 세부사항으로 부모를 모시고 가는 여행이기에 무엇보다도 이동과 숙소, 먹거리가 중요했다. 항공사는 국적기, 숙소는 5성급, 먹거리는 하루에 한 번은 한식. 모녀여행이 아닌 가족여행이기에 더 신경을 썼다.

부모님 커플 옷까지.

 공항까지 자차로 이동하여 주차하고 탑승권받고 출발. 둘이 다니다가 셋이 다니니 어색하기도 하고 긴장이 되었다. 사이좋은 부모님이 아니기에. 그래도 좋았다. 아빠 칠순여행이 실현되어서. 칠순되기 5년 전부터 아빠에게 주문처럼 말했다. 칠순에는 아빠랑 베트남 갈 거라고. 베트남 가서 망고도 실컷 먹고 멋진 크루즈도 탈 거라고. 아빠가 타고 싶어했던 크루즈.

 베트남여행 가이드는 따뜻함이 느껴지는 분이었다. 여행멤버 또한 좋은 분들이었다. 패키지여행의 성공여부는 가이드와 여행멤버이기에 3박 5일 기대감으로 흥분되었다.
 호텔에 도착하여 준비해온 아빠 칠순 축하머리띠를 하고 셋이서 기념사진을 찍었다. 평소같았으면 "이런 거 왜 하냐?"고 버럭했을 부모님이 내 말을 찰떡같이 들어주는 것이 마냥 신나고 좋았다. 내가 시키는 대로 다 따라주었다.

 본격적인 여행. 닌빈에서 두 명씩 나룻배에 타고 강과 동굴을 관람하는 코스였다. 어쩔 수 없이 부모님이 한 배에 타고 나는 떨어져 탔다. 우리 일행 중에서 부모님 나룻배가 제일 먼저 출발했다. 뱃사공이 어찌나 젊고 활기찬 청년이었는지 너무 빨리 그리고 아주 멀리 갔다. 바로 뒤이어 출발했는데도 부모님 나룻배를 따라가지도 못했다. 다른 일행들의 배만 보였다. 도착하고 나서도 부모님은 보이지 않았다. 내 속은 걱정으로 가득했다.

 "가이드님, 우리 엄마, 아빠 어떡해요? 어떻게 된 거지요?"

 가이드도 우리 일행 모두 부모님 나룻배만 기다렸

다. 한참 뒤, 나룻배를 타고 오는 부모님이 보였다. 멀리서 아빠가 먼저 나를 발견하고 손을 가리키고 있었다. 다행이고 감사했다. 무사히 부모님을 모시고 와준 뱃사공에게 고맙다는 인사와 함께 팁을 건넸다.

"내가 팁이랑 과자주면서 제발 돌아가달라고 해도 웃으면서 계속 가더라."
"우리는 너 잃어버리는 줄 알았어. 무섭더라."

내가 안 보여서 그 멋진 풍경 하나 제대로 못보고 무서웠다는 말에 뭉클했다. 알고보니 뱃사공 청년이 우리 부모님께 아름다운 동굴을 더 보여드리고 싶은 마음에 끝까지 갔단다. 참 고마운 뱃사공이었으나 우리 부모님에게는 공포였다. 딸이 안 보였으니까. 그 뒤로 여행 일정 내내 부모님은 내 뒤만 졸졸 따라다녔다.

"선예 앞에 있어?"

"선예 보여?"

바로 앞에 가고 있어도 불안하였는지 수시로 확인하였다. 어릴 적엔 내가 부모님 뒤만 졸졸 따라다니는 껌딱지였는데 부모님이 아이처럼 따라다니는 모습에 울컥했다. 겉으로는 내색하지 않았지만. 그런 모습에 여행 멤버 분들도 우리 가족을 더 챙겨주었다. 물론 가이드님이 가장 많이 신경써주었다.

여행을 마치고 도착한 가이드님의 문자 한 통에 감동이 밀려왔다.

> 3박 5일동안 함께해주셔서 대단히 감사합니다. 특히 부모님 모시고 오신 여행 정말 잘하셨어요. 한국에 돌아가셔서도 항상 건강하시고 행복하시길 기원합니다. 이번 여행 함께하여 주셔서 즐거웠습니다. 송가이드 올림

내가 대학생시절 뇌경색으로 쓰러지셨던 우리 아빠.

갑작스런 암진단과 기적으로 완치, 희귀병으로 고생하는 우리 엄마. 부모님 모두 모시고 가는 외국여행은 생각만 해도 꿈같은 거였다. 아빠 칠순 기념으로 용기내어 모시고 다녀온 베트남!

베트남을 다녀온 부모님은 아침저녁으로 말씀하셨다.
"참! 잘 다녀왔다. 고맙다! 딸내미."

뭐가 좋았냐고 묻자 기다렸다는 듯 대답했다.
"나는 호치민대통령 묘소."
"나는 크루즈에서 중국사람이랑 신나게 춤춘 거."
"나는 하롱베이에서 박영탁 사랑해 외친 거."

부모님과 나. 우리는 많이 닮았다. 자기가 좋아하는 것을 잘 알고 즐기는 것. 무엇보다도 여행을 진짜 좋아한다는 것.

그래서 이제부터 다시 시작한다. 모녀여행이 아닌 가족여행 시작!

"엄마, 아빠. 우리 딱! 20년만 더 여행 다니자."
"20년은 무슨. 10년만 다녀도 좋겠다."

**에필로그**

## 모녀여행을 고민하는 이들에게

"모녀여행 부러워요. 어떻게 엄마랑 친구처럼 다니나요?"

모녀여행을 다닌다고 하면 지인들이 묻는다. 사실 여행 처음부터 쿵짝이 맞지는 않았다. 물론 지금도 다 맞지는 않는다. 싸우고 화해하고 웃고 또 싸우고 다시 웃고 반복했다. 그리고 조금씩 달라졌다. 많이 싸우면서 서로를 잘 알게 되었고 서로 민감한 부분은 조심하게 되었다. 친구처럼.

"어디가 좋았나요?"

가본 곳은 다 좋았다. 꼭 한번 가보길 추천하고 싶은 장소가 있다. 그림을 좋아한다면 서울 간송미술관과 전남 강진의 한국민화뮤지엄. 입체적으로 감상하고 싶다면 전남 여수 아르떼뮤지엄도 추천한다. 자연을 만끽하고 멋진 사진을 남기고 싶다면 전남 순천만, 충남 태안 파도리해수욕장, 경남 창원 동부마을이 좋다. 절에 가고 싶다면 경북 김천 직지사, 전남 해남 대흥사와 전남 여수 향일암, 강원도 양양 낙산사가 있다.

"자주 하는 말은 무엇이었나?"
"감사합니다."

어디를 가든 고마운 분들이 나타났다. 우리 모녀가 힘들 때나, 싸울 때나, 즐거울 때나. 짜잔! 하고 나타나서 도와주거나, 웃음을 주기도 하고, 보기 좋다고 멋진 작품사진을 찍어주기도 했다. 그분들께 진심으로 감사함을 전하고 싶다. 덕분에 낯선 곳에서 따뜻하고 즐거웠다고.

모녀여행을 통해 얻은 것들이 많기에 오늘도 다음 여행지를 찾는다.

"엄마, 우리 어디 갈까?"

아직도 모녀여행을 망설이는 딸들이 있다면 말해주고 싶다. 엄마가 내 옆에 건강히 계실 때 여행가기를 바란다. '나중에 가야지' 하다가 시기를 놓칠 수 있다. 여행지에 가서 서로 티격태격 싸우더라도 언제 그랬냐는 듯 활짝 웃는다. 우리는 모녀니까.

유쾌한 모녀여행

**지은이** | 한선예
**이메일** | daisy-hsy@hanmail.net
**발행처** | 도서출판 진포
**발행일** | 2025년 12월 10일

ISBN | 979-11-93403-48-8

**인　쇄** | 진포인쇄
**주　소** | 전북특별자치도 군산시 팔마로4
**전　화** | 063)471-1318

ⓒ 유쾌한 모녀여행
본 책은 저작자의 지적 재산으로서 무단 전재와 복제를 금합니다.